traduzioni di Leland, spes̲ _____ presentati anche
in Italia sono privi di quelle forme poetiche che
dovrebbero caratterizzare la poetica popolare Italiana
caratterizzata da rime baciate (spesso in dialetto) e un
breve corpo poetico di poche frasi (solitamente due).

Tuttavia nonostante questa criticità della forma poetica,
alcuni testi e scongiuri non appaiono del tutto dissimili da
quelle forme di stregoneria popolare, che tutt'ora possono
apparire all'interno del panorama folkloristico Italiano a
qualsiasi latitutidine.

Proprio per queste sue caratteristiche, il vangelo delle
streghe secondo Leland, è stato sempre stato oggetto di
numerose controversie, vedendo schierare in due diverse
fazioni che contendevano la veridicità o meno del testo,
sostenendo che grossa parte dei contenuti del testo
fossero frutto delle fantasie dell'autore o che fossero una
mescolanza di tradizioni storiche più o meno volutamente
storpiate e rimescolate da Charles.

Complice di questa critica fu il fatto che il manoscritto
originale utilizzato da Leland, non sia mai stato
ufficialmente rinvenuto, che Leland non fosse un vero
storico, ma solo un Giornalista – Umorista, appassionato
di tradizioni folkloristiche e che all'interno del vangelo
fossero rinvenuti passaggi molto simili a libri e a
tematiche già trattate in precedenza da Leland (libri sugli
etruschi e libri sulle tradizioni degli zingari).

A sua difesa invece intervengono numerose persone che
sostengono che il libro possa trattarsi di un testo
autentico, rimaneggiato nei contenuti nel corso dei secoli
e dei luoghi presentando per questo una netta

discrepanza nelle forme e nelle divinità citate, e inoltre a sostegno dell'autore viene sottolineata ed evidenziata la sua origine straniere e fortemente aliena alle tradizioni e alla comprensione dei Dialetti Italiani, tanto che un "Jana" (Iana o Giana) termine con cui s'intende la divinità femminile di Jano Bicefalo, e successivamente ritenuto l'appellativo arcaico di Giunone (juno in latino) possa essere stato confuso con Diana (ricordanto che con Janara in alcune regioni d'Italia si fa riferimento alle fattucchiere).

Diversi testi inglesi presentano il testo come segue:

"Aradia, o il Vangelo delle streghe è un libro composto dal folclorista americano Charles Godfrey Leland pubblicato nel 1899.

Contiene quello che credeva fosse il testo religioso di un gruppo di streghe Toscane, che documentava le loro credenze e rituali, anche se vari storici e folcloristi hanno contestato l'esistenza di un tale gruppo.

Nel XX secolo, il libro fu molto influente e fonte d'ispirazione nello sviluppo della religione pagana contemporanea e della Wicca.

Il testo è In parte è la traduzione di Leland in inglese di un manoscritto originale italiano, "il Vangelo" (gospel).

Leland riferì di aver ricevuto il manoscritto dal suo informatore principale sulle credenze della stregoneria italiana, una donna chiamata Leland come "Maddalena" e che chiamò il suo "informatore stregone" in Italia.

Il resto del materiale proviene dalla ricerca di Leland sul folklore e le tradizioni italiane, tra cui altro materiale correlato da Maddalena. Leland era stato informato dell'esistenza di Vangelo nel 1886, ma Maddalena ci volle undici anni per fornirgli una copia. Dopo aver tradotto e modificato il materiale, ci sono voluti altri due anni per la pubblicazione del libro. I suoi quindici capitoli ritraggono le origini, le credenze, i rituali e gli incantesimi di una tradizione di stregoneria pagana italiana.

La figura centrale di quella religione è la dea Aradia, che venne sulla Terra per insegnare la pratica della stregoneria ai contadini in modo che si opponessero ai loro oppressori feudali e alla Chiesa cattolica romana.

Il lavoro di Leland rimase oscuro fino agli anni cinquanta, quando altre teorie sulla sopravvivenza di "stregoneria pagana" cominciarono a essere ampiamente discusse.

Aradia cominciò ad essere esaminato nel contesto più ampio di tali affermazioni. Gli studiosi sono divisi, con alcuni che respingono l'affermazione di Leland sulle origini del manoscritto, e altri sostengono la sua autenticità come documentazione unica di credenze popolari.

Insieme a una maggiore attenzione degli studiosi, Aradia ha avuto un ruolo speciale nella storia della Wicca Gardneriana e delle sue propaggini, essendo usata come prova che la sopravvivenza delle stregonerie pagane esisteva in Europa, e perché un passaggio dal primo capitolo del libro è stato utilizzato come una parte della liturgia della religione.

Dopo l'aumento dell'interesse per il testo, è diventato ampiamente disponibile attraverso numerose ristampe di una varietà di editori, tra cui un'edizione critica del 1999 con una nuova traduzione di Mario e Dina Pazzaglini.

Charles Godfrey Leland era uno scrittore e folclore americano, e trascorse gran parte degli anni 1890 a Firenze alla ricerca del folklore italiano.

Aradia è stato uno dei prodotti della ricerca di Leland. Mentre il nome di Leland è quello principalmente associato ad Aradia, il manoscritto che ne costituisce la maggior parte è attribuito alla ricerca di una donna italiana che la biografa di Leland e Leland, sua nipote Robin Elizabeths Pennell, definita come "Maddalena". Secondo il folclore Roma Lister, un contemporaneo e amico di Leland, il vero nome di Maddalena era Margherita, ed era una "strega" di Firenze che rivendicava un lignaggio familiare dagli Etruschi e la conoscenza di antichi rituali.

Il professor Robert Mathiesen, come collaboratore della traduzione Pazzaglini di Aradia, cita una lettera di Maddalena a Leland, che egli afferma sia firmata "Maddalena Talenti" (il cognome è una supposizione, in quanto la scrittura è difficile da decifrare).

Leland riferisce di incontrare Maddalena nel 1886, e divenne la fonte primaria per il suo collezionismo folcloristico italiano per diversi anni.

Leland la descrive come appartenente a una tradizione di stregoneria che svanisce. Egli scrive che "da lunga pratica [lei] ha perfettamente imparato ... proprio quello che voglio, e come estrarlo da quelli del suo genere. alla fine

Aradia. Leland scrisse che aveva "imparato che esisteva un manoscritto che espone le dottrine della stregoneria italiana" nel 1886, e aveva esortato Maddalena a trovarlo. Undici anni dopo, il 1 gennaio 1897, Leland ricevette il Vangelo per posta. Il manoscritto è stato scritto nella calligrafia di Maddalena. Leland capì che si trattava di un documento autentico della "Vecchia Religione" delle streghe, ma spiega che non sapeva se il testo provenisse da fonti scritte o orali.

La traduzione e l'editing di Leland fu completata all'inizio del 1897 e presentata a David Nutt per la pubblicazione. Passarono due anni, fino a quando Leland scrisse chiedendo la restituzione del manoscritto al fine di sottoporlo a una casa editrice diversa.

Questa richiesta spinse Nutt ad accettare il libro, e fu pubblicato nel luglio 1899 in una piccola tiratura. L'autore wiccan Raymond Buckland afferma di essere stato il primo a ristampare il libro nel 1968 attraverso la sua stampa "Buckland Museum of Witchcraft", ma una ristampa britannica è stata fatta da "Wiccens" [sic] Charles "Rex Nemorensis" e Mary Cardell nei primi anni '60. Da allora il testo è stato ripetutamente ristampato da una varietà di editori diversi, tra cui come una ritraduzione del 1998 di Mario e Dina Pazzaglini con saggi e commenti.

I contenuti

Dopo la ricerca durata undici anni, Leland scrive di non essere sorpreso dai contenuti del Vangelo. Era in gran parte quello che si aspettava, con l'eccezione che non prevedeva passaggi in "prosa-poesia". "Credo anche che in questo Vangelo delle streghe ", commenta Leland nell'appendice, "abbiamo uno schema affidabile almeno della dottrina e dei riti osservati a [Sabbat delle streghe]. Adoravano divinità proibite e praticavano azioni proibite, ispirate tanto dalla ribellione contro la Società quanto dalle loro stesse passioni.

Il progetto finale di Leland fu un volume sottile. Organizzò il materiale da includere in quindici capitoli e aggiunse una breve prefazione e un'appendice.

La versione pubblicata includeva anche note a piè di pagina e, in molti luoghi, l'originale italiano che Leland aveva tradotto. La maggior parte del contenuto dell'Aradia di Leland è costituito da incantesimi, benedizioni e rituali, ma il testo contiene anche storie e miti che suggeriscono influenze sia dall'antica religione romana che dal cattolicesimo romano. I personaggi principali dei miti includono la dea romana Diana, un dio del sole chiamato Lucifero, il Caino biblico come figura lunare e l'Aradia messianica. La stregoneria di "Il Vangelo delle streghe" è sia un metodo per lanciare incantesimi che una "contro-religione" anti-gerarchica alla chiesa cattolica.

Interi capitoli di Aradia sono dedicati a rituali e incantesimi. Questi includono incantesimi per vincere l'amore (Capitolo VI), una coniugazione da eseguire quando si trova una pietra con un foro o una pietra rotonda per trasformarla in un amuleto per il favore di Diana (Capitolo IV), e la consacrazione di una festa rituale per Diana, Aradia e Caino (capitolo II).

Il materiale narrativo costituisce meno del testo, ed è composto da racconti e leggende sulla nascita della religione della stregoneria e sulle azioni dei loro dei. Leland riassume il materiale mitico nel libro nella sua appendice, scrivendo "Diana è la regina delle streghe; un'associata di Erodia (Aradia) nei suoi rapporti con la stregoneria; che ha partorito un bambino a suo fratello il Sole (qui Lucifero); che come una dea della luna è in qualche modo in relazione a Caino, che abita come prigioniero sulla luna, e che le streghe di un tempo erano persone oppresse da terre feudali, le prime si ribellano in ogni modo, e trattenendo orge a Diana che la Chiesa ha rappresentato come essere l'adorazione di Satana". Diana non è solo la dea delle streghe, ma è presentata come la creatrice primordiale nel capitolo III, dividendosi nell'oscurità e nella luce. Dopo aver dato alla luce Lucifero, Diana lo seduce sotto forma di gatto, dando infine alla luce Aradia, la loro figlia. Diana dimostra il potere della sua stregoneria creando "il cielo, le stelle e la pioggia", diventando "Regina delle Streghe". Capitolo I presenta le streghe originali come schiavi che sono fuggiti dai loro padroni, iniziando nuove vite come "ladri e gente malvagia". Diana manda sua figlia Aradia a loro per insegnare a questa ex stregoneria servile, il cui potere possono usare per "distruggere la razza malvagia (degli oppressori)". Gli studenti di Aradia divennero così le prime streghe, che avrebbero poi continuato il culto di Diana. Leland è stato colpito da questa cosmogonia: "In tutte le altre Scritture di tutte le razze, è il maschio ... che crea l'universo; in Strega Stregoneria è la femmina che è il principio primitivo.".

11

La struttura del testo

Aradia è composta da quindici capitoli, i primi dieci dei quali sono presentati come traduzione di Leland del manoscritto Vangelo datogli da Maddalena. Questa sezione, sebbene costituita prevalentemente da incantesimi e rituali, è anche la fonte della maggior parte dei miti e delle storie popolari contenute nel testo. Alla fine del Capitolo I è il testo in cui Aradia dà istruzioni ai suoi seguaci su come praticare la stregoneria.

I primi dieci capitoli non sono interamente una traduzione diretta del Vangelo; Leland offre il suo commento e le sue note su una serie di passaggi, e il capitolo VII è l'incorporazione di altri materiali folcloristici italiani da parte di Leland.

Il medievalista Robert Mathiesen sostiene che il manoscritto del "Vangelo" rappresenta in realtà poco di quello che si sa di Aradia, sostenendo che solo i Capitoli I, II e la prima metà del Capitolo IV corrispondono alla descrizione del contenuto del manoscritto da parte di Leland, e suggerisce che l'altro materiale proveniva da diversi testi raccolti da Leland attraverso Maddalena.

Gli altri cinque capitoli sono chiaramente identificati nel testo come rappresentano altri materiali Leland ritenuti rilevanti per il Vangelo, acquisito durante la sua ricerca sulla stregoneria italiana, e soprattutto mentre si lavora sui suoi resti romani etruschi e Leggende di Firenze. I temi di questi capitoli aggiuntivi variano in alcuni dettagli dai primi dieci, e Leland li ha inclusi in parte a "[confermare] il fatto che il culto di Diana esisteva per lungo tempo contemporaneo con il cristianesimo". Il capitolo XV, per esempio, dà un canto a Laverna, attraverso l'uso di un mazzo di carte da gioco. Leland spiega la sua inclusione con una nota che Diana, come raffigurato in Aradia, è adorato dai fuorilegge, e Laverna era la dea romana del furto. Altri esempi di pensieri di Leland sul testo sono riportati nella prefazione del libro, appendice e numerose note a piè di pagina.

In diversi luoghi Leland fornisce l'italiano che stava traducendo. Secondo Mario Pazzaglini, autore della traduzione del 1999, l'italiano contiene errori ortografici, parole mancanti ed errori grammaticali, ed è in un italiano standardizzato piuttosto che in dialetto locale che ci si potrebbe aspettare. Pazzaglini conclude che Aradia rappresenta materiale tradotto dal dialetto all'italiano di base e poi in inglese, creando una sintesi dei testi, alcuni dei quali sono stati registrati in modo errato. Leland stesso definì il testo una "raccolta di cerimonie, incantesimi e tradizioni"e lo descrisse come un tentativo di raccogliere materiale, "resti preziosi e curiosi dell'antica tradizione latina o etrusca" che temeva di andare perduti. Non c'è narrazione coesa anche nelle sezioni che Leland attribuisce al Vangelo. Questa mancanza di coesione, o "incoerenza", è un argomento per l'autenticità del testo, secondo lo studioso religioso Chas S. Clifton, dal momento che il testo non mostra segni di essere ammorbidito... per i futuri acquirenti di libri.

Contese

Leland scrisse che "le streghe formano ancora una società segreta frammentaria o una setta, che la chiamano quella dell'Antica Religione, e che ci sono nella Romagna interi villaggi in cui il popolo è completamente guarito".

13

Accettando questo, Leland supponesse che "l'esistenza di una religione suppone una Scrittura, e in questo caso si può ammettere, quasi senza una severa verifica, che l'Evangelo delle Streghe è davvero un'opera molto antica ... con ogni probabilità la traduzione di qualche opera latina precoce o successiva.

L'affermazione di Leland che il manoscritto fosse autentico, e anche la sua affermazione che ha ricevuto un tale manoscritto, sono stati chiamati in discussione. Dopo la pubblicazione nel 1921 di The Witch-cult in Western Europe di Margaret Murray, che ipotizzava che i processi alle streghe europee fossero in realtà una persecuzione di una sopravvivenza religiosa pagana, il libro del 1929 dell'autrice sensazionalista statunitense Theda Kenyon Live ha collegato la tesi di Murray con la religione della stregoneria in Aradia.

 Gli argomenti contro la tesi di Murray avrebbero infine incluso argomenti contro Leland. Lo studioso di stregoneria Jeffrey Russell dedicò parte del suo libro del 1980 A History of Witchcraft: Sorcerers, Heretics and Pagans a discutere contro le affermazioni di Aradia, la tesi di Murray, e La Sorcière di Jules Michelet del 1862, che teorizzò anche la stregoneria che la stregoneria rappresentava una religione sotterranea. Il libro "A Razor for a Goat" dello storico Elliot Rose liquidò Aradia come una raccolta di incantesimi che tentavano senza successo di ritrarre una religione. Nel suo Trionfo sulla Luna, lo storico Ronald Hutton riassume la controversia come aventi tre possibili estremi:

-        Il manoscritto Vangelo rappresenta un vero e proprio testo di una religione altrimenti sconosciuta.

-      Maddalena scrisse il testo, con o senza l'assistenza di Leland, probabilmente attingendo dal suo background con folklore o stregoneria.

-      L'intero documento è stato falsificato da Leland.

Hutton stesso è scettico, non solo dell'esistenza della religione che Aradia sostiene di rappresentare, ma anche dell'esistenza di Maddalena, sostenendo che è più probabile che Leland abbia creato l'intera storia di quella che Leland potrebbe essere così facilmente truffato da un cartomante italiano. Clifton fa eccezione alla posizione di Hutton, scrivendo che si tratta di un'accusa di "grave frode letteraria" fatta da un "argomento per assenza"; Una delle principali obiezioni di Hutton è che Aradia è diversa da qualsiasi altra cosa trovata nella letteratura medievale.

Mathiesen respinge anche questa "opzione tre", sostenendo che mentre le bozze inglesi di Leland per il libro sono state pesantemente modificate e riviste nel processo di scrittura, le sezioni italiane, al contrario, sono rimaste quasi intatte ad eccezione delle correzioni di "appunto ordinare che un correttore di bozze avrebbe fatto come ha confrontato la sua copia con l'originale.".

Questo porta Mathiesen a concludere che Leland stava lavorando da un originale in lingua italiana esistente che egli descrive come "autentico, ma non rappresentativo" di qualsiasi tradizione popolare più grande.

L'antropologa Sabina Magliocco esamina la possibilità di "opzione uno", che il manoscritto di Leland rappresentasse una tradizione popolare che coinvolge Diana e il Culto di Erodia, nel suo articolo Chi era Aradia? La storia e lo sviluppo di una leggenda. Magliocco scrive che Aradia "può rappresentare una versione del XIX secolo di [la leggenda del Culto di Erodia] che incorporava materiali successivi influenzati dal diabolismo medievale: la presenza di 'Lucifero', il diavolo cristiano; la pratica della stregoneria; le danze nude sotto la luna piena.

Influenze nella wicca e nella stregheria

Magliocco definisce Aradia il primo vero testo della rinascita della stregoneria del XX secolo, ed è più volte citato come profondamente influente sullo sviluppo della Wicca. Il testo apparentemente conferma la tesi di Margaret Murray che la prima stregoneria moderna e rinascimentale rappresentava una sopravvivenza delle antiche credenze pagane, e dopo la pretesa di Gerald Gardner di aver incontrato stregonerie religiose nell'Inghilterra del XX secolo, le opere di Michelet, Murray e Leland aiutarono a sostenere almeno la possibilità che una tale sopravvivenza potesse esistere.

La Carica della Dea, un importante pezzo di liturgia usato nei rituali wiccan, fu ispirato dal discorso di Aradia nel primo capitolo del libro. Parti del discorso apparvero in una prima versione del rituale della Wicca Gardneriana. Secondo Doreen Valiente, una delle sacerdotesse di Gardner, Gardner fu sorpreso dal riconoscere dal fatto che Valiente riconosceva il materiale come proveniente dal libro di Leland.

Valiente successivamente riscrisse il brano sia in prosa che in versi, mantenendo le linee di Aradia" "tradizionali". Alcune tradizioni wiccan usano il nome Aradia, o Diana, per riferirsi alla Dea o alla Regina delle Streghe, e Hutton scrive che i primi rituali gardneri ansiusati usavano il nome Airdia, una forma di Aradia. Hutton suggerisce inoltre che il motivo per cui Wicca include la pratica skyclad, o nudità rituale, è a causa di una linea pronunciata da Aradia:

"E come segno che siete veramente liberi,

Sarete nudi nei vostri riti, entrambi gli uomini

E anche le donne: questo durerà fino a

L'ultimo dei vostri oppressori sarà morto; "

"And as the sign that ye are truly free,

Ye shall be naked in your rites, both men

And women also: this shall last until

The last of your oppressors shall be dead;"

Accettando Aradia come fonte di questa pratica, Robert Chartowich indica la traduzione Pazzaglini del 1998 di queste righe, che recitavano "Uomini e donne / Sarete tutti nudi, fino a quando / Eppure sarà morto, l'ultimo / Dei tuoi oppressori è morto."

Ci sono, tuttavia, precedenti menzioni di nudità rituale tra le streghe italiane. La storica Ruth Martin afferma che era una pratica comune per le streghe d'Italia essere "nude con i capelli sciolti intorno alle spalle" mentre recitavano evocazioni. Jeffrey Burton Russell osserva che "Una donna di nome Marta fu torturata a Firenze intorno al 1375: si affermò di aver messo le candele intorno a un piatto e di essersi tolta i vestiti e si trovava sopra il piatto nudo, creando segni magici". Lo storico Franco Mormando si riferisce a una strega italiana: "Lo ed ecco: nelle prime ore di sonno, questa donna apre la porta al suo orto e esce completamente nuda e i suoi capelli tutti disfatti, e lei comincia a fare e dire i suoi vari segni ed evocazioni ...

L'accoglienza di Aradia tra i Neopagani non è stata del tutto positiva. Clifton suggerisce che le pretese moderne di rivelare una tradizione di stregoneria pagana italiana, per esempio quelle di Leo Martello e Raven Grimassi, devono essere "match[ed] contro ", e rispetto alle rivendicazioni di Aradia. Egli suggerisce inoltre che la mancanza di conforto con Aradia può essere dovuta a una "insicurezza" all'interno del Neopaganismo circa la pretesa del movimento di autenticità come una rinascita religiosa. Valiente offre un'altra spiegazione per la reazione negativa di alcuni neopagani; che l'identificazione di Lucifero come il Dio delle streghe in Aradia era "carne troppo forte" per i Wiccan che erano abituati al paganesimo più dolce e romantico di Gerald Gardner e furono particolarmente veloci a rifiutare qualsiasi rapporto tra stregoneria e satanismo.

Clifton scrive che Aradia è stato particolarmente influente per i leader del movimento religioso Wiccan negli anni '50 e '60, ma che il libro non appare più nelle "liste di lettura" date dai membri ai nuovi arrivati, né è ampiamente citato nei più recenti libri di Neopagan. La nuova traduzione del libro pubblicata nel 1998 è stata introdotta dall'autore Wiccan Stewart Farrar, che afferma l'importanza di Aradia, scrivendo che "la ricerca di donazione di Leland in una tradizione 'morente' ha dato un contributo significativo a una tradizione viva e in crescita.

L'autore Raven Grimassi ha scritto molto su Aradia nella sua divulgazione di Stregheria, presentando ciò che ammette essere la sua rappresentazione personale della sua storia. Si differenzia da Leland in molti modi, in particolare nel ritrarla come una strega che visse e insegnò nell'Italia del XIV secolo, piuttosto che come una dea. In risposta a Clifton, egli afferma che la somiglianza o la dissimilità con il materiale Aradia di Leland non può essere una misura di autenticità, poiché il materiale di Leland stesso è contestato.

Pertanto non può essere effettivamente utilizzato per screditare altri scritti o opinioni sulla stregoneria italiana, né è una base etnografica rappresentativa rispetto alla quale vengono confrontati altri scritti o punti di vista "must". Il materiale di Aradia è, purtroppo, un testo contestato con problemi propri rispetto al folklore solitamente accettato, alle tradizioni popolari e alle pratiche magiche popolari d'Italia.

Egli è d'accordo con Valiente che la principale obiezione dei Neopagani a questo materiale è la sua "inclusione di stereotipi negativi legati alle streghe e alla stregoneria", e suggerisce che i confronti tra questa stregoneria materiale e quella religiosa sono "considerati un insulto da molti neopagani".

Charles Godfrey Leland

Charles Godfrey Leland (15 agosto 1824 – 20 marzo 1903) fu un homorista e folklorista. Studiò all'Università di Princeton e in Europa.

Leland lavorò nel giornalismo, viaggiò molto e si interessò al folklore e alla linguistica popolare. Pubblicò libri e articoli sulle lingue americane ed europee e sulle tradizioni popolari. Ha lavorato in una vasta gamma di mestieri, ha ottenuto il riconoscimento come autore del fumetto Hans Breitmann's Ballads, e ha combattuto in due conflitti. Scrisse Aradia, o il Vangelo delle streghe, che divenne un testo di origine primaria per il neopaganesimo mezzo secolo dopo.

Leland nacque da Charles Leland, un mercante di commissioni, e Charlotte Godfrey, il 15 agosto 1824 a Filadelfia, Pennsylvania. Sua madre era una "protegee" di Hannah Adams, la prima donna americana a scrivere professionalmente. Leland credeva di discendere da John Leland e da altri illustri antiquari.

Leland affermò di essere stato influenzato come un bambino dalla presenza di Lafayette, Nicolas Gouàn Dufief, e da un conte svedese che ispirò il best seller di Fredrika Bremer, The Neighbours. Leland raccontò una storia che poco dopo la sua nascita, la sua infermiera lo portò in soffitta di famiglia ed eseguì un rituale che coinvolgeva una Bibbia, una chiave, un coltello, candele accese, denaro e sale per garantire una lunga vita come uno "studioso e un mago" . I suoi biografi si riferiscono a questo racconto come prefigurando il suo interesse per le

tradizioni popolari e la magia. Un amico di una vita era
George Henry Boker, un vicino d'infanzia. Un compagno
di scuola era George B. McClellan.

La prima educazione di Leland fu negli Stati Uniti, e
frequentò il college all'Università di Princeton. Durante la
sua scuola, studiò lingue, scrisse poesie e perseguì una
varietà di altri interessi, tra cui l'ermetics, il
neoplatonismo e gli scritti di Rabelais e Villon.

Dopo il college, Leland si recò in Europa per continuare i
suoi studi, prima in Germania, a Heidelberg e Monaco, e
nel 1848 alla Sorbona di Parigi. Fu coinvolto nella
rivoluzione francese di quell'anno, combattendo a
barricate costruite contro i soldati del re come capitano
della rivoluzione.

Leland tornò in America dopo che i soldi datigli da suo
padre per il viaggio erano esauriti, Invece di praticare
legge, ha invece iniziato una carriera nel giornalismo.
Come giornalista, Leland scrisse per The Illustrated News
a New York, l'Evening Bulletin a Filadelfia e alla fine
assunse compiti editoriali per Graham's Magazine e
Philadelphia Press. Nel 1856 Leland sposò Eliza Bella,
"Isabel" Fisher.

Leland fu anche redattore del Continental Monthly, una
pubblicazione pro-Union Army. Si arruolò nell'esercito
dell'Unione nel 1863 e combatté nella battaglia di
Gettysburg. Leland coniò il termine "emancipazione"
come alternativa a "abolizione" per riferirsi alla posizione
anti-schiavitù.

Leland tornò in Europa nel 1869, e viaggiò molto, finendo
a Londra. La sua fama durante la sua vita poggiò

principalmente sulle Ballate di Hans Breitmann (1871), scritte in una combinazione di inglese e tedesco rotto (da non confondere, come spesso è stato, con la Pennsylvania German). Negli ultimi tempi i suoi scritti sulle tradizioni pagane e ariane hanno eclissato le ballate di Breitmann, ormai in gran parte dimenticate, influenzando lo sviluppo della Wicca e del paganesimo moderno.

Nei suoi viaggi, fece uno studio sugli zingari, sui quali scrisse più di un libro. Leland iniziò a pubblicare una serie di libri sull'etnografia, il folklore e la lingua. I suoi scritti sulla cultura algonquiano e zingara facevano parte dell'interesse contemporaneo per le tradizioni pagane e ariane. Gli studiosi hanno trovato Leland aveva preso notevoli libertà con la sua ricerca. Nel suo libro The Algonquin Legends of New England Leland tenta di collegare la cultura e la storia di Wabanki ai norreni. È anche venuto alla luce che Leland ha alterato alcuni di quei racconti popolari al fine di dare credito alla sua teoria. Affermò erroneamente di aver scoperto "la quinta lingua celtica": la forma di Cant, parlata tra i Viaggianti irlandesi, che chiamò Shelta. Leland divenne presidente della Gypsy Lore Society inglese nel 1888.

Undici anni dopo Godfrey produsse Aradia, o il Vangelo delle streghe, contenente le credenze tradizionali della stregoneria italiana, come lo trasmettevano in un manoscritto fornito da una donna di nome Maddalena, che egli si riferisce come la sua "strega informatore". Questo rimane il suo libro più influente. La precisione di Aradia è stata contestata, e usata da altri come studio della tradizione delle streghe nell'Italia del XIX secolo.

Leland fu anche un pioniere dell'educazione artistica e del design, diventando un'importante influenza sul movimento Arts and Crafts. Nelle sue memorie scrisse: "La storia di ciò che per me è di gran lunga il periodo più interessante della mia vita rimane da scrivere. Questo abbraccia un resoconto del mio lavoro per molti anni nell'introdurre l'arte industriale come ramo dell'istruzione nelle scuole "

Fu coinvolto in una serie di libri sull'arte e l'artigianato industriale, tra cui un titolo che fu co-autore nel 1876 con Thomas Bolas, intitolato "Pyrography or burnt-wood etching" (rivisto da Frank H Ball e G J Fowler nel 1900).

Fu, più significativamente, il fondatore e primo direttore della Public School of Industrial Art di Filadelfia (da non confondere con il contemporaneo Museo della Pennsylvania e la Scuola di Arte Industriale della Pennsylvania). Questo ebbe origine come una scuola per insegnare l'artigianato ai bambini svantaggiati e divenne ampiamente noto quando fu elogiato da Oscar Wilde, che predisse che il suo amico sarebbe stato riconosciuto e onorato come uno dei grandi pionieri e leader dell'arte del futuro. Home Arts and Industries Association è stata fondata in imitazione di questa iniziativa.

Bibliografia

- 1855: Meister Karl's Sketch-book

- 1864: Legends of Birds

- 1871: Hans Breitmann's Ballads

- 1872: Pidgin-English Sing-Song

- 1872: The Music-Lesson of Confucius, and Other Poems

- 1873: The English Gipsies

- 1875: Fusang or the Discovery of America by Chinese Buddhist Priests in the Fifth Century

- 1879: Johnnykin and the Goblins

- 1882: The Gypsies

- 1884: Algonquin Legends

- 1891: Gypsy Sorcery and Fortune Telling

- 1892: The Hundred Riddles of the Fairy Bellaria

- 1892: Etruscan Roman Remains in Popular Tradition

- 1892: Leather Work, A Practical Manual for Learners

- 1895: Songs of the Sea and Lays of the Land

- 1896: Legends of Florence Collected from the People (2 vols.)

- 1897: A dictionary of slang, jargon & cant embracing English, American, and Anglo-Indian slang, pidgin English, gypsies' jargon and other irregular phraseology

- 1899: Unpublished Legends of Virgil

- 1899: Aradia, or the Gospel of the Witches

- 1899: Have You a Strong Will?

- 1901: Legends of Virgil

- 1901: Life and Adventures of James P. Beckwourth, Mountainner, Scout, Pioneer, and Chief of the Crow Nation of Indians Edited by.

- 1902: Flaxius, or Leaves from the Life of an Immortal

IL VANGELO DELLE STREGHE

Commento ai testi seguenti

Tempo addietro, nel 1886, venni a sapere dell'esistenza di un manoscritto contenente le dottrine della Stregheria italiana; mi fu promesso che, se possibile, me ne sarebbe stato dato uno. Per vari anni le mie aspettative rimasero deluse. Ma avendo chiesto più volte a Maddalena, la mia raccoglitrice di folklore che conduceva una vita vagabonda in Toscana, di fare uno sforzo per ottenere o recuperare qualcosa del genere, alla fine ricevetti da lei, il 1 gennaio del 1897, da Colle di Val d'Elsa vicino a Siena, il manoscritto intitolato Aradia, o il Vangelo delle Streghe.

Si osservi ora che tutti i temi salienti che costituiscono la trama o il nucleo centrale di questo Vangelo, cioè, che Diana è la Regina delle Streghe ed è associata con Erodiade (Aradia) nella sua relazione con la stregoneria; che ebbe un figlio da suo fratello, il Sole (qui Lucifero); che in quanto dea della luna è in qualche rapporto con Caino, prigioniero nella luna; che le streghe dei tempi antichi erano persone oppresse dai signori feudali, dei quali si vendicavano in tutti i modi, e che celebravano orge in onore di Diana, orge che la Chiesa interpretò come adorazione di Satana — tutto questo, ripeto, mi è stato raccontato o è stato trascritto in forma frammentaria per me da Maddalena (per non parlare di altri informatori), anche se era già stato descritto da Horst o da Michelet e non aveva quindi un carattere di novità. Quello che non mi aspettavo, e che era completamente nuovo per me, era quella parte del testo che è data come prosa-poesia e che ho reso in metri o in versi. Questo materiale tradizionale, scritto da maghi e streghe, è molto interessante e curioso, in quanto in esso sono conservate molte vestigia di credenze che, come si può verificare nei documenti letterari, sono state tramandate dai tempi antichi.

Aradia è chiaramente Erodiade, che anticamente era associata a Diana quale capo delle streghe. Ritengo comunque che questa figura non derivi dalla Erodiade del Nuovo Testamento, ma da una replica più antica di Lilith che portava lo stesso nome. In questa figura infatti sono abbinate e identificate le Regine del Cielo, o Regine della Notte e della Magia, dei popoli ariani e semiti ed è possibile che ciò fosse noto ai primi creatori dei miti. Già nel sesto secolo d.C., l'adorazione di Erodiade e di Diana fu condannata dalla Chiesa al Concilio di Ancira. Piperno e altri autori hanno messo in luce l'identità evidente di Erodiade e di Lilith. Iside le precedeva entrambe.

In questo testo Diana è presentata con toni vigorosi, perfino drammatici, come la dea delle persone malvagie ed empie, dei ladri, delle prostitute e, abbastanza giustamente, dei «protetti della luna»,

come Falstaff li avrebbe chiamati. Si riconosceva nell'antica Roma, come si riconosce oggi in India, che nessun essere umano può essere così malvagio o abietto da essere privato di un qualche genere di protezione divina e Diana era questa protettrice. A questo proposito si potrebbe osservare che, tra tutti i liberi pensatori, gli intellettuali emarginati e gli scrittori bohémien, c'è sempre stata una tendenza non-ortodossa a credere che le colpe e gli errori dell'umanità siano dovuti più spesso, se non sempre, a cause inevitabili che non possiamo modificare, per esempio, le condizioni ereditarie, il nascere barbaro e selvaggio, o povero, o nel vizio, o in un eccesso di «bigottismo e virtù», o in uno stato di persecuzione — vale a dire, quando siamo così gravati da colpe innate che neppure il nostro libero arbitrio può liberarcene.

Fu durante la cosiddetta «Età Buia», cioè dalla caduta dell'impero romano fino al tredicesimo secolo, che si affermò la credenza che tutto ciò che c'era di peggiore nell'uomo era unicamente dovuto agli abusi mostruosi e alla tirannia della Chiesa e dello Stato. Perché a quel tempo, in qualsiasi momento della vita, la grande maggioranza degli uomini incontrava vergognose iniquità e in-giustizie palpabili, senza leggi che proteggessero i più deboli.

La coscienza di queste ingiustizie spinse un gran numero di persone scontente a ribellarsi e, poiché non potevano avere il sopravvento con la guerra aperta, manifestavano il loro odio nella forma di segreta anarchia, che era tuttavia intimamente mescolata con superstizioni e frammenti delle vecchie tradizioni. Preminente in questa forma di ribellione era, abbastanza naturalmente, la venerazione di Diana, loro protettrice — perché la supposta adorazione di Satana fu un'invenzione successiva della Chiesa e, fino ad oggi, non ha mai avuto un ruolo rilevante nella stregheria italiana. Vale a dire, la stregoneria puramente diabolica non trovò accettazione generale fino alla fine del quindicesimo secolo, quando fu inventata, si potrebbe quasi dire, a Roma come un mezzo per distruggere la minacciosa eresia della Germania.

La crescita del Sentimento è l'aumento della sofferenza; l'uomo non è mai completamente infelice fino a quando non si rende conto di quanto è trattato ingiustamente e crede di intravvedere lontano una possibile libertà. Nell'antichità gli schiavi soffrivano meno anche se erano sottoposti a maggiori abusi, perché credevano di essere nati per vivere in basse condizioni. Perfino la migliore riforma porta con sé travagli e il grande risveglio dell'umanità è stato accompagnato da sofferenze, molte delle quali persistono tuttora. Il pessimismo è il risultato di troppa cultura e dell'introversione.

Sembra, stranamente, che a tutti gli storici sia sfuggito il fatto che le sofferenze della vasta maggioranza degli uomini, cioè dei poveri e degli schiavi, furono di gran lunga maggiori durante la prima parte dell'era cristiana, o fino alla fine del Medioevo e all'Emancipazione dei Servi, di quanto lo fossero state prima. Questo perché, negli antichi tempi «pagani», gli umili non sapevano, e nemmeno sognavano, che tutti gli uomini erano uguali davanti a Dio e che, anche come schiavi, avevano dei diritti anche sulla terra. L'intero orientamento etico del Nuovo Testamento era completamente opposto alla schiavitù e perfino alla servitù troppo dura. Ogni enunciazione degli insegnamenti di Cristo sul perdono e l'amore, l'umiltà e la carità era un amaro rimprovero non solo di tutti i signori della terra, ma anche della Chiesa stessa e dei suoi arroganti prelati. Il fatto che molti abusi fossero mitigati ed esistessero santi benevoli non cambia la verità, e cioè che, in generale, per molti secoli l'umanità sia vissuta in condizioni peggiori di prima e la causa maggiore di questa sofferenza si potrebbe definire una ragione sentimentale o una nuova consapevolezza dei diritti negati, cosa che è di per se stessa una tortura. Queste circostanze erano rese più dure dalle prediche continue fatte alla gente che era loro dovere soffrire e sopportare l'oppressione e la tirannia

e che i diritti dell'Autorità di ogni tipo erano tali da giustificare anche i peggiori abusi. Perché difendendo l'Autorità dei nobili la Chiesa conservava la propria.

Il risultato di tutto questo fu un grande aumento del numero di ribelli, di emarginati e di tutti gli scontenti, che adottarono la stregheria come loro religione e gli stregoni come loro sacerdoti. Si incontravano segretamente in luoghi deserti, tra vecchie rovine maledette dai preti come luoghi frequentati da spiriti maligni e da antichi dei pagani, o nelle montagne. Tuttora gli abitanti dell'Italia trovano spesso aree isolate, circondate da antiche foreste di castagni, da pietre e da muri, che indicano luoghi adatti per celebrare il Sabba e che a volte, secondo le tradizioni locali, sono ancora ritenuti tali. Sono convinto che il Vangelo delle Streghe offra una descrizione attendibile delle dottrine e dei riti celebrati a questi raduni. Adoravano divinità proibite e compivano atti vietati, essendo ispirati tanto dalla ribellione contro la Società quanto dalle loro passioni.

Nel Vangelo delle Streghe tuttavia si cerca di distinguere tra coloro che sono malvagi o corrotti per natura e coloro che sono emarginati o oppressi, come dimostra questo passo:

Non devi essere come la figlia di Caino, E della razza che è divenuta

Scellerata e infame a causa dei maltrattamenti.

Come Giudei e Zingari, Tutti ladri e briganti, Tu non divieni...

La cena delle Streghe; le focacce di farina, sale e miele a forma di mezzaluna, sono conosciute a tutti gli studiosi dei classici. Le focacce a forma di corno o di mezzaluna sono ancora comuni. Ne ho mangiate proprio oggi e, sebbene siano diffuse in tutto il mondo, credo che debbano la loro forma a questa tradizione.

Nello scongiuro della farina si fa riferimento a una interessante tradizione secondo cui le spighe luccicanti del grano, con le loro punte simili ai raggi del sole, devono il loro aspetto brillante a una rassomiglianza con le lucciole «che vengono a far loro lume». Indubbiamente troviamo qui una tradizione classica, ma non posso dimostrarlo. Dopo di che il Vangelo cita una comune filastrocca che si trova anche in una favola e che tuttavia, come altre favole, deriva da una tradizione magica secondo la quale la lucciola è messa sotto un bicchiere e invocata per dare, con la sua luce, certe risposte.

Lo scongiuro della farina, o del pane, che costituisce letteralmente il nostro corpo, in quanto contribuisce a formarlo e che è profondamente sacra perché, come grano, è rimasta nella terra dove sono nascosti oscuri e straordinari segreti, sembra gettare una nuova luce sul sacramento cristiano. La comunione del pane è una forma di resurrezione dalla terra e per questo faceva parte della Cena Sacra dei Misteri, in quanto il grano era associato ai segreti ctoni e a ciò che era rimasto sepolto nelle profondità della terra. Perciò nella stregheria moderna i vermi sono invocati perché conoscono oscuri segreti e, per ottenere il potere di Orfeo, il flauto del pastore deve rimanere sepolto per tre giorni nella terra. E così nella stregheria tutto era, e continua ad essere, una forma di libera poesia basata su simboli che si fondono uno con l'altro:

luce e oscurità, lucciole e grano, vita e morte.

È sorprendente ma strettamente in accordo con le pratiche della magia antica descritte dagli autori classici, l'atto di rivolgere minacce a Diana qualora non esaudisca una preghiera. Questo ricorre spesso negli esorcismi e negli incantesimi magici. Il mago venera gli spiriti, ma ritiene di avere il diritto derivante da un potere più alto di costringere perfino la Regina della Terra, del Cielo e degli Inferi a esaudire una richiesta. «Concedimi quello che chiedo e avrai onori e offerte; rifiuta e ti perseguiterò con gli insulti». Così Canidia e quelli come lei si vantavano di poter costringere gli dei ad apparire. Questo è tipicamente pagano. Non si è mai sentito dire di una strega adoratrice di Satana invocare o minacciare la Trinità, Cristo o perfino gli angeli e i santi. Di fatto esse non possono costringere a obbedire nemmeno il diavolo e i suoi diavoletti, in quanto operano interamente come schiave della sua volontà.

Non ho bisogno di parlare delle virtù della pietra bucata, ma è da notare che in questo scongiuro la strega si alza all'alba per andare a cercare la verbena. Gli antichi maghi persiani, o meglio le loro figlie, adoravano il sole nascente facendo ondeggiare i rami appena raccolti della verbena, che era considerata una delle sette piante magiche più potenti. Mentre adoravano il sole le sacerdotesse persiane erano nude, perché la nudità è un simbolo di verità e di sincerità.

L'atto di estinguere le luci, la nudità e l'orgia simboleggiavano il corpo sepolto nella terra, il grano seminato o l'ingresso nell'oscurità della morte per rinascere in una nuova forma ed erano quindi simboli di rigenerazione e di luce. Mediante questi riti si metteva da parte la vita quotidiana.

Il Vangelo delle Streghe, come io l'ho dato, è in realtà solo il primo capitolo di un'opera che potrebbe raccogliere le cerimonie, gli incantesimi e le tradizioni magiche correntemente in uso nelle congregazioni delle streghe, il complesso delle quali si può trovare nei miei lavori, Sopravvivenze Etrusche e Romane e Leggende di Firenze. A dire il vero, ho ancora molto di questo materiale non pubblicato e molto non è ancora stato raccolto, ma l'intera dottrina della stregheria, tutti i suoi principi fondamentali, le sue invocazioni, i rimedi magici e i misteri si possono trovare in quello che ho raccolto e pubblicato. Tuttavia credo che sarebbe importante organizzare e pubblicare tutto questo materiale in un'unica opera, che potrebbe essere estremamente utile a ogni studioso di archeologia, di storia e del folldore. Ha rappresentato la fede di milioni di persone nel passato; ha permeato innumerevoli tradizioni che meritano di essere meglio conosciute e sarei felice di intraprendere questo lavoro se credessi che il pubblico saprebbe apprezzare il mio impegno e i miei sforzi.

Si dovrebbe riconoscere che non ho trattato questo Vangelo, e tanto meno il soggetto della stregoneria, unicamente come folklore nel senso stretto della parola, cioè come elemento o fatto tradizionale da considerare alla stregua di tante altre tradizioni o da classificare e catalogare come materiale d'archivio.

Che questo sia utile e ragionevole è perfettamente vero e ha infatti reso possibile una enorme attività di ricerca, di collezione e conservazione. C'è da dire tuttavia — e ho occasionalmente notato che alcune menti geniali stanno incominciando a riconoscere questo fatto — che il puro studio della lettera ha provocato una tale indifferenza per la sostanza al punto da produrre a volte, come ha fatto

il Realismo in Arte (con il quale quel metodo è imparentato), perfino un disprezzo per il contenuto o il significato originale di una tradizione.

Mi ha colpito di recente il fatto che, in un lavoro molto erudito sulla Musica, l'autore, nel discutere la musica antica e quella orientale, anche se estremamente accurato e preciso nel determinare le varie scale musicali, l'apparato e la storia della composizione, mostri poi di ignorare completamente il fatto che note e scale, battute e melodie sono di per sé idee o concetti. Così si dice che Confucio abbia composto una melodia che era una descrizione personale di se stesso. Se non si capisce questo, non si può nemmeno capire l'essenza della musica antica e il folklorista che non è in grado di andare oltre la lettera, anche se si considera «scientifico», è esattamente come il musicista che non ha idea di come o perché le antiche melodie siano state composte.

Lo strano e mistico racconto, «Come Diana creò le stelle e la pioggia», appare anche nelle mie Leggende di Firenze (vol.II, p. 229), ma è qui molto ampliato e sviluppato fino a costituire uno schizzo cosmogonico-mitologico. E qui viene in mente un'idea, che è forse la più notevole espressa da questo Vangelo delle Streghe. Nei Testi Sacri di tutti i popoli a creare l'universo è un dio maschile, Jahvè, Budda o Brahma; nella Stregheria il principio primordiale è femmina.

Ogni volta che nella storia c'è un periodo di radicale rivolta intellettuale contro le forze conservatrici, l'autorità costituita e così via, c'è sempre uno sforzo per considerare la Donna come un essere perfettamente uguale, se non superiore all'uomo. Così nello straordinario conflitto di correnti contrastanti quali le scuole occulte di magia, il neo-Platonismo, la Cabala, le eresie cristiane, la magia e il dualismo persiani, unitamente ai resti della teologia greca ed egiziana in voga ad Alessandria nel terzo e quarto secolo d.C. e nella Casa della Luce del Cairo nel nono secolo, possiamo notare che l'uguaglianza della Donna era una dottrina preminente.

 Era Sofia o Elena, la donna affrancata, considerata come il vero Cristo che avrebbe salvato l'umanità.

Quando la dottrina dell'Illuminazione, assieme alla magia, al misticismo e alla volontà di rigenerare la società riformandola secondo i principi Jella più estrema libertà di pensiero, ispirarono nei Templari la speranza di governare la Chiesa e il mondo, la dottrina dell'uguaglianza della Donna, derivante dalle tradizioni del Cairo, ricevette nuovamente attenzione. Si potrebbe inoltre osservare che durante il Medioevo e anche più tardi nel periodo di grande esaltazione che ispirò gli Ugonotti francesi, i Giansenisti e gli Anabattisti, la Donna fu più importante ed ebbe un ruolo maggiore nella vita sociale e politica che non in epoche precedenti. Questa preminenza caratterizzò anche il movi- mento Spiritualista fondato dalle sorelle Fox a Rochester, nello stato di New York, e si manifesta in molti modi nel romanzo, Fin de Siècle, che secondo Nordau è pure un caos nervoso — la Donna essendo evidentemente un pesce che si mostra maggiormente quando le acque sono agitate:

Oh, Donna, nei nostri momenti di serenità e di pace!

E lettore ricorderà il resto. Ma si dovrebbe anche ricordare che in epoche anteriori la grande maggioranza degli uomini, oppressa dal potere e dagli abusi della Chiesa e dello Stato, solamente si è fatta avanti nei periodi di rivolta contro idee o forme sociali antiquate. Con ogni nuova ribellione, con ogni nuova esplosione o inondazione selvaggia e travolgimento delle barriere, l'umanità e la donna acquistano qualcosa, vale a dire, i loro giusti diritti. Perché come ogni piena di fiume invade con le sue acque estensioni sempre più ampie, nel tempo dovuto rendendo più fertili i campi, così il

mondo progredisce ad ogni Rivoluzione, per quanto terribile e ripugnante questa possa essere all'inizio.

La donna Emancipata, sostenitrice dei propri Diritti, quando è troppo esaltata, generalmente considera l'uomo come un essere limitato che lei è destinata a superare. In epoche passate prevaleva l'opinione contraria, ma tutti e due questi atteggiamenti sono, o erano, chiaramente sbagliati almeno per quanto riguarda il futuro. Perché in realtà entrambi i sessi sono capaci di progresso e, in questo rispetto, progresso non significa tanto un conflitto del principio maschile e femminile, come quello che è alla base del Mahabarata, quanto il graduale riconoscimento di genuine capacità, la ridefinizione dei rapporti e la complementarità dei poteri — e facendo ciò su base scientifica ogni conflitto cessa.

Questi commenti sono pertinenti all'argomento del mio testo, perché è studiando le epoche in cui la donna si è imposta come figura dominante e in-fluente che impariamo quali sono realmente le capacità del sesso femminile. Tra queste, quella della stregoneria — com'era realmente, non come è stata comunemente fraintesa — è tanto interessante quanto ogni altra. La Strega infatti — lasciando da parte ogni questione relativa alla realtà della magia — rappresentava, una volta, un fattore reale o un grande potere nella vita sociale ribelle e anche oggi si riconosce, come dimostra la maggior parte dei romanzi, che nella donna c'è qualcosa di inquietante, di misterioso e incomprensibile, che né lei né l'uomo possono spiegare.

PERCHÉ OGNI DONNA È UNA STREGA NEL SUO CUORE.

Abbiamo bandito la scopa, il gatto e gli atti di magia, il Sabba e il patto con Satana, ma il mistero, o l'enigma, è grande quanto mai; nessun essere vivente sa quale sarà il suo esito. Non sono forse gli incantesimi dell'amore di ogni tipo e il godimento della bellezza in tutte le sue forme naturali, misteri, miracoli o magie?

Per tutti coloro che sono interessati al tema dell'influenza e delle capacità della Donna, questo Vangelo delle Streghe sarà un documento prezioso in quanto dimostra che ci sono stati singolari pensatori che hanno considerato la creazione come uno sviluppo femminile, o partenogenesi, da cui è scaturito il principio maschile. Lucifero, o la Luce, era nascosto nell'oscurità di Diana, come il calore è nascosto nel ghiaccio. Ma il salvatore o Messia di questa strana dottrina è una donna — Aradia, anche se le due, madre e figlia, sono confuse o adombrate l'una nell'altra nei differenti racconti, come Jahvè è confuso con Elohim.

Rimane da dire che i raduni Adamitici prescritti dal Vangelo delle Streghe sono poco praticati, o non lo sono affatto, dalle streghe giovani o vecchie, rimaste ormai poche e lontane tra di loro, e dagli stregoni venerandi del giorno d'oggi; per lo meno non nell'Italia centrale e settentrionale, per quanto se ne sappia. Ma tra i libertini, i gaudenti e le donne di dubbia reputazione di Milano e di

38

Firenze — dove esse non sono rare quanto le eclissi — questi raduni sono chiamati halli angelici; tali balli non sono affatto sconosciuti nelle altre grandi città del mondo. Alcuni anni fa il giornale della domenica di una città americana pubblicò un resoconto dettagliato di raduni simili che avevano luogo nelle «case da ballo» della città, dichiarando che si svolgevano spesso, cosa che mi fu confermata da uomini che li frequentavano.

Un punto molto importante, per tutti coloro che ritengono rilevante la scoperta di antiche tradizioni, è che uno studio approfondito delle usanze delle streghe italiane da me raccolte, ed un'analisi che le confronti tra di loro e identifichi elementi simili negli scritti di Ovidio e di altri mitologi, ci inducono a credere (come ho sostenuto a volte, anche se non abbastanza spesso) che ci sono in questi documenti più recenti molti resti importanti e interessanti di antiche tradizioni latine ed etrusche. Probabilmente interi poemi, racconti e invocazioni sono stati tradotti dalla lingua antica. Se questo è vero, quando gli studiosi leggeranno con interesse questo materiale, ci sarà sicuramente un esame critico e una verifica di quanto è antico in esso e si scoprirà quali tradizioni meravigliose persistano ancora oggi.

Che tuttora le streghe formino una società segreta o setta, da loro chiamata «della Vecchia Religione», e che ci siano in Romagna interi villaggi dove gli abitanti sono pagani e sono governati quasi interamente dai Settimani o «nati ai setti mesi», si può leggere nel romanzo che ha questo titolo come pure in vari articoli pubblicati in riviste diverse, o può essere accettato sulla base delle mie conoscenze dirette. L'esistenza di una religione presuppone un Testo Sacro e in questo caso si può riconoscere, quasi senza bisogno di una verifica rigorosa, che il Vangelo delle Streghe sia realmente un'opera molto antica. Si dà spesso il caso che quando una tradizione è trasmessa oralmente, la donna anziana ripeta per intero le parole e le frasi di testi che non capisce com- pletamente, ma che ha ascoltato e memorizzato. Questi testi si devono verificare correlandoli o confrontandoli con altri racconti e con altri testi. Ora, considerando tutto ciò con attenzione critica e con rigore imparziale, non si può fare a meno di credere che il Vangelo delle Streghe è con tutta probabilità la traduzione di qualche opera latina più o meno antica, in quanto è più che mai verosimile che ogni fede stabilita abbia i suoi testi scritti. Ci sono uomini di cultura tra i paria dell'India; ve ne erano probabilmente molti tra i «protetti della luna» o adoratori notturni di Diana. Infatti ho qualche speranza che una ricerca possa in futuro rivelare negli scritti di qualche eretico o mistico dimenticato del medioevo l'equivalente di molti passi di questo testo, se non il testo nella sua interezza.

Ancora pochi anni, lettore, e tutto questo sarebbe scomparso dalle tradizioni degli italiani prima ancora dell'arrivo dei giornali e della ferrovia, come la nuvola leggera è spazzata via dal vento o come i fiocchi di neve si dissolvono nello stagno. Di fatto le vecchie usanze stanno scomparendo con una rapidità talmente incredibile che fonti autorevoli mi assicurano — e posso infatti ren- dermene conto personalmente — che ciò che io stesso ho raccolto o che era stato trascritto per me dieci anni fa nella Romagna Toscana da un'abile collaboratrice, non potrebbe oggi essere raccolto da nessuno, in quanto non esiste più tranne che nei ricordi di pochi vecchi stregoni, che stanno scomparendo giorno dopo giorno senza lasciare traccia. Sta scomparendo — è quasi scomparso. Infatti penso spesso che, anche se vecchio (e ho superato di dodici anni il limite dell'età più avanzata, come l'aveva definita il Duca di Marlborough nella sua difesa), vivrò abbastanza a lungo per udire i colpi del battitore Time che mette all'asta e condanna a morte l'ultimo vero stregone latino. E possibile che quest'ultimo stia entrando nel suo portafoglio mentre scrivo. Le donne o le streghe, avendo più vitalità, dureranno un po' di più — voglio dire, le streghe di tipo tradizionale; perché per quanto riguarda lo sviluppo naturale e innato della stregoneria e le mere usanze, ci saranno sempre delle streghe con noi, come ci saranno i poveri — fino a quando scompariremo tutti.

Il fatto notevole, anche se difficile da capire, è che una tradizione così antica sia sopravvissuta quasi immutata tra la gente di campagna. È probabile che le leggende e gli incantesimi conservati nelle famiglie delle streghe ereditarie perdurino molto più a lungo delle mode artistiche, tuttavia anche queste sono state preservate per 2000 anni. Infatti come scrive E. Neville Rolfe: «Il defunto signor Castellani, che fu il primo a riprodurre fedelmente i gioielli trovati nelle tombe etrusche e greche,

decise che qualche sopravvivenza di questa antica e squisita arte doveva ancora esistere da qualche parte in Italia. Così cercò diligentemente... e m un paesino sperduto scoprì orefici che facevano ornamenti per i contadini, le cui caratteristiche indicavano una chiara sopravvivenza della più antica arte etrusca».

Qui vorrei puntualizzare che quando ho criticato forse un po' troppo aspramente l'indifferenza degli studiosi nei confronti delle singolari tradizioni conservate dalle streghe e dagli stregoni, mi riferivo a Roma e specialmente all'Italia del Nord. G. Pitrè ha fatto tutto il possibile per quanto riguarda il Sud.

Dopo aver scritto i capitoli precedenti ho ricevuto il libro, Napoli negli Anni Novanta, scritto da E. Neville Rolfe, in cui un interesse intelligente e profondo per questo argomento è associato ad estese conoscenze. Ciò che sarà particolarmente importante per il mio lettore è la quantità di informazioni offerte dal signor Rolfe circa la connessione di Diana con la stregoneria e come molte delle sue qualità siano poi divenute quelle della Madonna. «L'adorazione di Diana», egli scrive, «era molto diffusa... al punto che, quando il Cristianesimo si sostituì al Paganesimo, gran parte del simbolismo pagano fu adattato ai nuovi riti e questo rese relativamente semplice la transizione dalla venerazione di Diana a quella della Madonna». Il signor Rolfe parla della chiave, della ruta e della verbena come simboli di Diana; di tutti questi elementi ho raccolto incantesimi, in apparenza molto antichi, che sono associati con Diana. Ho trovato spesso la ruta nelle case di Firenze e mi è sempre stata data come un favore speciale. È sempre tenuta nascosta in qualche angolo oscuro perché sottrarne una parte porta fortuna. La rana di bronzo era un emblema di Diana; da qui il proverbio latino, «Chi ama la rana la considera Diana». Fino ad epoca recente era fatta per essere usata come un amuleto. Ne ho uno come fermacarte proprio davanti a me. C'è anche un'invocazione alla rana.

Ciò che il signor Rolfe conferma tacitamente e inconsciamente, e ciò che è più notevole nel mio lavoro, è che gli stregoni italiani formano una classe distinta di persone che esercita un grande potere a Napoli e in Sicilia e che possiede inoltre interessantissimi documenti magici e diagrammi cabalistici, dei quali il signor Rolfe ne fornisce uno (questo è già noto a coloro che l'hanno visto nei libri dei Takruri e dei maghi arabi del Cairo). Questi documenti e diagrammi derivano probabilmente da Malta. Perciò non sembrerà una cosa sorprendente al lettore che questo Vangelo delle Streghe sia stato preservato, seppur nella forma in cui l'ho dato. E vero che non l'ho né avuto né visto come un vecchio manoscritto, ma sono certo del fatto che è stato scritto in tempi antichi e che è ancora ripetuto qui e là oralmente in parti separate.

Sarebbe una grande soddisfazione per me se qualcuno che avesse l'opportunità di vedere questo libro e possedendo informazioni che confermino quello che è in esso sostenuto, me lo comunicasse gentilmente o lo pubblicasse in qualche forma in modo che non vada perduto.

COME DIANA DIEDE ALLA LUCE ARADIA

Questo è il Vangelo delle Streghe:

Diana amava molto suo fratello Lucifero, il dio del Sole e della Luna, il dio della Luce (Splendore), che era molto orgoglioso della sua bellezza e che per il suo orgoglio fu scacciato dal Paradiso.

Diana ebbe da suo fratello una figlia, alla quale essi diedero il nome di Aradia. A quel tempo c'erano sulla terra molti ricchi e molti poveri.

I ricchi rendevano schiavi tutti i poveri.

A quel tempo gli schiavi erano trattati crudelmente; in ogni palazzo c'erano torture, m ogni castello prigionieri.

Molti schiavi scappavano. Fuggivano nelle campagne e diventavano ladri e briganti. Invece di dormire la notte, tramavano la fuga, derubavano i loro padroni e poi li ammazzavano. Così vivevano sulle montagne e nelle foreste come briganti e assassini, tutto per sfuggire alla schiavitù. Diana disse un giorno a sua figlia Aradia:

É vero che sei uno spirito,

Ma tu sei nata per essere ancora Mortale, e devi andare

Sulla terra e fare da maestra

A donne e a uomini che avranno Volontà di imparare la tua scuola, Che sarà composta di stregonerie.

Non devi essere come la figlia di Caino, E della razza che è divenuta

Scellerata e infame a causa dei maltrattamenti. Come Giudei e Zingari,

Tutti ladri e briganti, Tu non divieni...

Tu sarai sempre la prima strega,

La prima strega divenuta nel mondo. Tu insegnerai l'arte di avvelenare, Di avvelenare tutti i signori,

Di farli morti nei loro palazzi,

Di legare lo spirito dell'oppressore.

E dove si trova un contadino ricco e avaro, Insegnerai alle streghe tue alunne

Come rovinare il suo raccolto Con tempesta, folgore e baleno, Con grandine e vento.

Quando un prete ti farà del male, Del male colle sue benedizioni,

Tu gli farai sempre un doppio male Col mio nome, col nome di Diana, Regina delle streghe...

Quando i nobili e i preti vi diranno, Dovete credere nel Padre, Figlio

E Maria, rispondetegli sempre, Il vostro dio Padre e Maria

sono tre diavoli...

Il vero dio Padre non è il vostro — Il vostro dio — io sono venuta

Per distruggere la gente cattiva E la distruggerò...

Voi altri poveri soffrite anche la fame, E lavorate male e troppo,

Soffrite anche la prigione; Però avete un'anima,

Un'anima più buona, e nell'altro, Nell'altro mondo voi starete bene E gli altri male...

Dopo che Aradia ebbe imparato a praticare tutta la stregoneria e come distruggere la razza malvagia degli oppressori, la insegnò alle sue allieve e disse loro:

Quando sarò partita da questo mondo, Di qualunque cosa avrete bisogno, Una volta al mese, quando la luna

È piena...

Dovete venire in un luogo deserto, In una selva, tutte insieme,

E adorare lo spirito potente

Di mia madre Diana; e a chi vorrà Imparare la stregoneria,

Che ancora non la sappia, Mia madre insegnerà Tutte le cose...

Sarete liberi dalla schiavitù! E così diverrete tutti liberi! Però uomini e donne

Sarete tutti nudi,

Fino a che non sarà morto L'ultimo degli oppressori. Morto, farete il giuoco Della moccola di Benevento, e farete poi una cena così:

ÌL SABBA, TREGENDA O RADUNO DELLE STREGHE COME CONSACRARE LA CENA

Qui segue la cena, che cosa deve includere e che cosa deve essere detto e fatto per consacrarla a

Diana.

Dovrai prendere farina e sale, miele e acqua e pronunciare questo scongiuro:

Scongiurazione della Farina

Scongiuro te, o farina!

Che sei il corpo nostro — senza di te Non si potrebbe vivere — tu che Prima di divenire farina,

Sei stata sotto terra dove tutti Sono nascosti, tutti i segreti.

Macinata che sei a metterte al vento, Tu spolveri per l'aria e te ne fuggi, Portando con te i tuoi segreti!

Ma quando grano sarai in spighe, In spighe belle che le lucciole Vengono a farti lume perché tu Possa crescere più bella, altrimenti

Non potresti crescere e divenire bella, Dunque anche tu appartieni

Alle Streghe e alle Fate, perché Le lucciole appartengono

Al sol...

Lucciola caporala, Vieni corri e vieni a gara, Metti la briglia a la cavalla!

Metti la briglia al figliuol del re!

Vieni, corri e portala a me!

Il figliuol del re te lascierà andare, Però voglio te pigliare,

Giacché sei bella e lucente,

Ti voglio mettere sotto un bicchiere E guardarti colla lente.

Sotto un bicchiere tu starai Fino a che tutti i segreti

Di questo mondo e di quell'altro Non mi farai sapere, e anche quelli del grano e della farina.

Appena questi segreti io saprò, Lucciola mia, libera ti lascierò, Quando i segreti della terra io saprò Tu sia benedetta, ti dirò!

Poi segue lo scongiuro del sale:

Scongiurazione del Sale

Scongiuro il sale, suona mezzo giorno in punto, In mezzo a un fiume entro

E qui miro l'acqua.

All'acqua e al sol, altro non penso Che all'acqua e al sol, a loro La mia mente tutta è rivolta,

Altro pensier non desidero che Saper la verità; tanto tempo è che

Soffro, vorrei saper il mio avenir, Se cattivo fosse, acqua e sol Migliorate il destino mio!

Poi segue lo scongiuro di Caino:

Scongiurazione di Caino

Tu Caino, tu non possa aver Nè pace e né bene fino a che

Dalla luna andato non sarai coi piedi Correndo, le mani battendo,

A pregarlo per me che mi faccia sapere Il mio destino; se cattivo fosse, Allora me lo faccia cambiare.

Se questa grazia mi farai, L'acqua, allo splendor del sol, la guarderò,

E tu Caino colla tua bocca mi dirai Il mio destino quale sarà.

Se questa grazia o Caino non mi farai, Pace e bene non avrai!

Infine seguirà lo scongiuro di Diana:

Scongiurazione a Diana

Dovrai fare delle focacce di farina, vino, sale e miele a forma di corno di luna, metterle a cuocere al forno e dire:

Non cuocio nè il pane nè il sale, Non cuocio nè il vino nè il miele, Cuocio il corpo, il sangue e l'anima, L'anima di Diana, che non possa Avere nè pace e nè bene,

Possa essere sempre in mezzo alle pene Fino a che la grazia non mi farà,

Che gliel'ho chiesta e gliela chiedo di cuore!

Se questa grazia, o Diana, mi farai, La cena in tua lode in molti faremo, Mangeremo, beveremo,

Balleremo, salteremo.

Se questa grazia che ti ho chiesta, Se questa grazia tu mi farai,

Nel tempo che balliamo, Il lume spegnerai,

Così all'amore Liberamente faremo!

E così dovrà essere fatto: tutti dovranno sedersi a cena completamente nudi, uomini e donne. Finita la cena, dovranno danzare, cantare, suonare e poi fare l'amore al buio con tutte le luci spente; perché è lo Spirito di Diana che le estingue e così dovranno danzare e suonare in suo onore.

E successe che Diana, dopo che sua figlia ebbe realizzato la sua missione e vissuto sulla terra assieme ai mortali, la richiamò e le diede il potere, quando fosse invocata da chi aveva compiuto una buona azione, di esaudire le sue preghiere concedendogli il successo in amore e inoltre:

• Il potere di benedire gli amici e di maledire i nemici.

• Di parlare con gli spiriti

• Di trovare tesori nascosti nelle antiche rovine

• Di evocare gli spiriti dei preti che erano morti lasciando tesori

- Di capire la voce del vento

- Di trasformare l'acqua in vino

- Di predire il futuro con le carte

- Di conoscere i segreti della mano

- Di curare le malattie

- Di rendere belli i brutti

- Di domare gli animali selvaggi

Qualunque cosa sarà chiesta allo spirito di Aradia, essa sarà concessa a coloro che avranno meritato il suo favore.

Ed essi devono invocarla così:

Io chiamo Aradia! Aradia! Aradia!A mezzanotte, a mezzanotte vado in un campo e con me porto acqua, vino e sale, porto acqua, vino e sale, e il mio talismano — il mio talismano, e una piccola borsa rossa che tengo sempre in mano — con dentro, con dentro sale. Con l'acqua e il vino mi consacro, mi consacro con preghiere per implorare un favore da Aradia, Aradia.

Scongiurazione di Aradia

Aradia, Aradia mia!

Tu che sei figlia del peggiore Che si trova nell'Inferno,

Che dal Paradiso fu discacciato, E con una sorella ti ha creato,

Ma tua madre pentita del suo fallo, Ha voluto fare di te uno spirito, Uno spirito benigno,

E non maligno!

Aradia, Aradia! Tanto ti prego Per l'amore che porti a tua madre E a l'amor tuo che tanto ami,

Ti prego di farmi la grazia, La grazia che ti chiedo. Se questa grazia mi farai, Tre cose mi farai vedere,

Serpe strisciare, Lucciola volare, E rana cantare.

Se questa grazia non mi farai, Desidero che tu non possa avere, Avere più pace e nè bene,

E che da lontano tu debba scomodarti E a me raccomandarti,

Che ti liberi e tu possa tomar Presto al tuo destino.

COME DIANA CREÒ LE STELLE
E LA PIOGGIA

Diana fu la prima creata al mondo: in lei esistevano tutte le cose. Da se stessa, l'oscurità primordiale, si separò; si divise in oscurità e in luce. Lucifero, suo fratello e figlio, lei stessa e la sua altra metà, era la luce.

Quando Diana vide che la luce era così bella, la luce che era la sua altra metà, suo fratello Lucifero, la desiderò con enorme brama. Volendo ricevere nuovamente la luce nella sua oscurità e ingoiarla in rapimento e delizia, tremò per il desiderio. Questo desiderio era l'Alba.

Ma Lucifero, la luce, non volle cedere alle sue brame e fuggì. Era la luce che vola nelle parti più lontane del cielo, il topo che fugge il gatto.

Allora Diana andò dai padri e dalle madri del Principio, gli spiriti che esistevano prima di ogni altro spirito, e si lamentò con loro di non poter prevalere su Lucifero. Ed essi la lodarono per il suo coraggio. Le dissero che per sorgere doveva prima cadere; per

diventare la prima dea doveva diventare mortale.

E attraverso le ere, nel corso del tempo, quando il mondo fu creato, Diana andò sulla terra, come aveva fatto Lucifero che era caduto, e insegnò la magia e la stregoneria. Così ebbero origine le streghe, le fate e i folletti, tutto ciò che è come l'uomo e che tuttavia non è mortale.

Accadde che Diana prese la forma di un gatto. Suo fratello aveva un gatto che amava più di ogni altra creatura; dormiva ogni notte sul suo letto ed era l'animale più bello di qualsiasi altro, un essere fatato; ma Lucifero non lo sapeva.

Diana persuase il gatto a scambiare forma con lei e andò a dormire con il fratello, ma nell'oscurità assunse nuovamente la sua forma e così Lucifero divenne il padre di Aradia. Quando al mattino Lucifero scoprì che la sorella aveva dormito con lui e che la luce era stata conquistata dall'oscurità, si arrabbiò moltissimo. Allora Diana gli cantò un incantesimo, un canto del potere, ed egli rimase in silenzio ad ascoltare il canto della notte che placa e induce al sonno; non riuscì a dire nulla. In questo modo Diana, con i suoi inganni magici, lo stregò costringendolo ad arrendersi al suo amore. Questo fu il primo atto di magia. Bisbigliò la canzone; era come il ronzio delle api (o come una trottola che gira), il filatoio che intesse il filo della vita. Diana filava il destino di tutti gli uomini; ogni cosa era filata dalla ruota di Diana. Lucifero faceva girare la ruota.

Diana non era riconosciuta come loro madre dalle streghe e dagli spiriti, dalle fate e dai folletti che abitano nei luoghi remoti e solitari. Essa si nascose umilmente e si fece mortale; ma per sua volontà sorse nuovamente al di sopra di ogni cosa. Aveva una tale passione per la stregoneria e divenne così potente nell'esercitarla che la sua grandezza non poté più rimanere nascosta.

Accadde così che una notte, al raduno di tutte le streghe e delle fate, Diana dichiarò di essere capace di oscurare il cielo e di trasformare tutti i topi in stelle.

Tutti i presenti dissero:

«Se puoi fare una cosa così strana, se hai un tale potere, allora sarai la nostra regma».

Diana andò nelle strade; prese la vescica di un bue e una moneta delle streghe dal bordo affilato come un coltello — con questa moneta le streghe staccano la terra dalle impronte dei piedi degli uomini. Diana staccò un po' di terra, con essa e con molti topi riempì la vescica, poi vi soffiò dentro fino a farla scoppiare.

Allora successe una cosa incredibile, perché la terra contenuta nella vescica diventò la volta del cielo e per tre giorni ci fu una grande pioggia; i topi diventarono stelle o pioggia. E avendo creato il cielo, le stelle e la pioggia, Diana diventò la Regina delle Streghe; era il gatto che governa le stelle- topi, il cielo e la pioggia.

LO SCONGIURO DELLE PIETRE
SACRE A DIANA

Trovare una pietra bucata è un segno speciale del favore di Diana. Chi la trova deve prenderla in mano e, dopo aver compiuto il rito prescritto, deve ripetere il seguente scongiuro:

Scongiurazione della pietra bucata

Una pietra bucata ho trovato,

Ne ringrazio il destin,

E lo spirito che su questa via Mi ha portato,

Che possa essere il mio bene E la mia buona fortuna!

Mi alzo la mattina all'alba, E a passeggio me ne vò Nelle valli, monti e campi, La fortuna cercavo

Della ruta e la verbena, Quella so porta fortuna.

Me la tengo in senno chiuso E saperlo nessuno lo deve, E così ciò commendo,

«La verbena fa ben per me! Benedico quella strega! Quella fata che mi segna!»

Diana fu quella

Che mi venne la notte in sogno, E mi disse: Se tu vuoi tener

Le cattive persone da te lontano, Devi tenere sempre ruta con te, Sempre ruta con te e verbena!

Diana, tu che sei la regina

Del cielo, della terra e dell'inferno, E sei la protettrice degli infelici, Dei ladri, degli assassini e anche

Di donne di mali affari; se hai conosciuto Che non sia stata l'indole cattiva

Delle persone, tu Diana, Diana li hai fatti tutti felici!

Un'altra volta ti scongiuro, Che tu non abbia né pace nè bene,

Tu possa essere sempre in mezzo alle pene, Fino a che la grazia che ti chiedo

Non mi farai!

SCONGIURAZIONE DEL SASSO A PALLA

Trovare un sasso a palla, grande o piccolo, è un segno di buon augurio, ma la pietra non deve mai essere data via, altrimenti chi la riceve avrà buona fortuna e chi la dà sarà colpito da qualche sventura.

Se trovate un sasso a palla alzate gli occhi al cielo, tiratelo in aria tre volte (afferrandolo ogni volta) e dite:

Spirito del buon augurio! Sei venuto in mio soccorso, Credi ne avevo gran bisogno,

Spirito del folletino rosso, Giacché sei venuto in mio soccorso, Ti prego di non mi abbandonare!

Ti prego dentro questa palla d'intrare, E nella mia tasca ti possa portare, Così in qualunque mia bisogna,

In mio aiuto ti posso chiamare, E di giorno e di notte,

Tu non mi possa abbandonare. Se danari da qualcuno avanzerò, E non mi vorrà pagare,

Tu folletino rosso me li farai dare!

Se questo di non darmeli Si intesterà, tu vi andrai E col tuo Brié-brié!

Se dorme lo desterai, Panni dal letto lacererai, Gli farai tanta paura

Che all'ora di andare a dormire, Andrà alle bische a giuocare, Ma tu ovunque lo seguirai.

E tu col Brié-brié, gli dirai, Chi non paga i debiti

Avrà pene e guai.

Così il debitore il giorno appresso O mi porterà i danari,

O me li manderà;

E così, folletino rosso!

Mi farai felice in mia vita, Perché in qualunque mia bisogna,

Verrai in mio soccorso!

Se colla mia amante sarò adirato, Tu spirito del buon augurio mio!

Andrai la notte da lei Per i capelli la prenderai, E nel letto mio la porterai.

E la mattina quando tutti gli spiriti Vanno a riposare,

Tu prima di entrare Nella tua palla porterai La mia bella nel suo letto. Così ti prego, folletino,

Di entrare in questa mia palla!

E di ubbidire a tutti i miei comandi!

Ed io ti porterò Sempre nella tasca mia, Che tu non mi vada via.

LO SCONGİURO DEL LİMONE E DEGLİ SPİLLİ

Scongiurazione al Limone appuntato con uno Spillo - Sacro a Diana

Un limone appuntato con spilli di differenti colori porta sempre buona fortuna.

Se ricevi in dono un limone appuntato con spilli di vari colori, senza però alcun spillo nero tra di essi, significa che la tua vita sarà perfettamente felice, prospera e gioiosa.

Se tra gli spilli ce n'è qualcuno di nero, puoi ancora godere di buona fortuna e salute, mescolate però con problemi di poco conto. [Per limitarne la portata, dovrai compiere la seguente cerimonia e pronunciare lo scongiuro che la descrive nei particolarili]

Lo scongiuro a Diana

AI punto di mezza notte Un limone ho raccolto, L'ho raccolto nel giardino, Ho raccolto un limone,

Un arancio e un mandarino.

Cogliendo queste cose, Cogliendole, ho detto, Tu, o Regina del sole, Della luna e delle stelle, Ti chiamo in mio aiuto,

E con quanta forza ho, a te scongiuro, Che una grazia tu mi voglia fare.

Tre cose ho raccolto nel giardino, Un limone, un arancio,

E un mandarino; una

Di queste cose per la mia fortuna.

Voglio tenere due

Di questi oggetti in mano, E quello che dovrà servirmi Per la buona fortuna, Regina delle stelle,

Fallo rimanere in mia mano!

[Qualcosa è qui omesso nel manoscritto. Suppongo che i due oggetti siano lanciati in aria e afferrati senza guardarli e se rimane in mano il limone, la cerimonia prosegue come descritto sotto. Questo si deduce dal fatto che nella cerimonia lo scongiuro è confuso con un'indicazione in prosa su come agire].

Dicendo questo si guarda in cielo.

Così trovai un limone nella mia mano e una voce mi disse:

«Prendi molti spilli e conficcali con cura nel limone, spilli di molti colori; così avrai buona fortuna. Se desideri dare il limone a qualche amico, dovrai appuntarlo con spilli di molti colori.

Ma se vuoi che la sfortuna colpisca qualcuno, conficca nel limone degli spilli neri.

Per fare questo devi pronunciare uno scongiuro diverso (come segue)»:

Dia Diana, a te scongiuro! E te chiamo ad alta voce!

Che tu non abbia pace né bene Se non vieni in mio aiuto.

Domani al punto di mezzo giorno, Ti aspetto a quello punto,

Un bicchiere di vino porterò, E una piccola lente all'occhio E dentro tredici spilli,

Spilli neri vi metterò.

E tu Diana tutti

I diavoli dell'inferno chiamerai,

E in compagnia del sole li manderai, E tutto il fuoco dell'inferno presso di sè

Porteranno, e daranno forza

AI sole di farmi questo vino bollire, Perché questi spilli possano arroventire; E con questi il limone appunterò,

Per non dare più pace E nè bene alla persona,

Che questo limone le presenterò!

Se questa grazia mi farai, Un segnale mi darai, Dentro tre giorni,

Una cosa voglio vedere,

O vento, o acqua, o grandine, Se questo segnale non avrò, Più pace Diana non ti darò, Tanto di giorno che di notte, Sempre ti tormenterò.

Come l'arancio è il frutto del Sole, così il limone è associato alla Luna o a Diana, in quanto il suo colore è un giallo più chiaro. Tuttavia il limone scelto per questo incantesimo è sempre un limone verde perché si indurisce e diventa nero. Non è generalmente noto che la buccia di arancio e di limone, pressata e mescolata con un adesivo, diventa una sostanza dura che può essere modellata o usata per molti altri scopi. Ho dedicato un capitolo a questo procedimento in un lavoro non ancora pubblicato e intitolato Le Cento Arti Minori. Il procedimento mi era stato suggerito da un limone indurito che una strega mi aveva dato per compiere un incantesimo.

UN INCANTESIMO PER OTTENERE L'AMORE

Quando uno stregone, un adoratore di Diana e della Luna, desidera ottenere l'amore di una donna, può trasformarla in cane; ed essa, dimentica di chi sia e cli ogni altra cosa, verrà subito alla sua casa e, una volta qui, riprenderà la forma umana e rimarrà con lui. Quando sarà giunto per lei il momento di andarsene, diventerà di nuovo un cane e ritornerà a casa sua dove si trasformerà in una fanciulla. Non ncorderà nulla di ciò che è successo o, turt'al più, pochi frammenti che le sembreranno un sogno confuso. Assumerà la forma di cane perché Diana ha sempre un cane al suo fianco.

Questo è lo scongiuro che deve essere ripetuto da colui che desidera portare un amore nella sua casa.

Oggi è Venerdì e ho voglia di alzarmi presto, perché non ho potuto dormire in tutta la notte dopo aver visto una bellissima fanciulla, la figlia di un ricco signore, che non oso sperare cli conquistare. Se fosse povera, potrei averla con il denaro; ma siccome è ricca, non ho speranza di riuscirci. (Perciò invocherò Diana che mi aiuti).

Scongiurazione a Diana

Diana, bella Diana!

Che tanto bella e buona sei, E tanto piacere ti ha fatto, Anche a te di fare al amore,

Dunque spero che anche in questa cosa Tu mi voglia aiutare,

E se tu vorrai Tutto tu potrai.

Se questa grazia mi vorrai fare, Chiamerai tua figlia Aradia, Al letto della bella fanciulla

La manderai; e Aradia

La fanciulla in una canina converrirà, Alla camera mia la manderà,

Ma entrata in camera mia, Non sarà più una canina,

Ma tornerà una bella fanciulla, E così potrò fare al amore Come a me piacerà.

Quando mi sarò divertito A mio piacere dirò,

«Per volere della Fata Diana, E di sua figlia Aradia,

Torna una canina, Come tu eri prima!»

Così succederà che la ragazza in forma di cane ritornerà a casa sua senza essere vista o sospettata di nulla, perché questo sarà opera di Aradia; e la fanciulla penserà che tutto questo è un sogno, perché sarà stata stregata da Aradia.

UNO SCONGIURO PER TROVARE O COMPERARE QUALSIASI COSA, O PER AVERE SEMPRE BUONA FORTUNA

Un'invocazione o scongiuro a Diana

Questo scongiuro dovrebbe essere pronunciato dall'uomo o dalla donna che, essendo in procinto di andare in città, non volesse correre alcun pericolo o rischio di un accidente, oppure da chi volesse avere buona fortuna nel comprare, per esempio, uno studioso che sperasse di trovare qualche raro vecchio libro o manoscritto messo in vendita a basso prezzo; infine da chi volesse comperare qualcosa di molto desidera-bile o trovare un'occasione o una rarità. Questa scongiurazione serve per ottenere la felicità e la salute e per liberarsi dalle sventure e dai nemici. Queste sono parole d'oro per chi ci crede.

L'invocazione

Siamo di Martedì e a buon ora Mi voglio levare la buona fortuna,

Voglio andare a cercarla, E coll'aiuto della bella Diana

La voglio trovare; ma prima d'andare, Prima di sortir di casa, fl malocchio mi leverò Con tre gocciole d'olio.'

E te bella Diana io invoco, Che tu possa mandare via Il malocchio da dosso a me

E mandarlo al mio più nemico!

Questo si riferisce a una piccola cerimonia che ho visto compiere moltissime volte e che quasi altrettanto spesso è stata compiuta su di me come un atto di cortesia comune tra i maghi e le streghe. Consiste nel fare certi segni e croci sopra alcune gocce di olio e sopra la testa di colui che è benedetto, pronunciando al tempo stesso una breve formula. Questa cerimonia mi è stata seriamente raccomandata o prescritta come un mezzo per conservare la buona fortuna e la prosperità.

Quando il malocchio Mi sarò levato,

In mezzo alla via lo getterò; Se questa grazia mi farai, Diana bella,

Tutti i campanelli

Di casa mia bene suonerat.

Allora contento di casa me ne andrò, Perché col tuo aiuto sarò certo di trovare Buona fortuna, certo di trovare

Un bel libro antico, E a buon mercato

Me lo farai comprare! Tu stessa dal proprietario

Che avrà il libro, Te ne andrai tu stessa, Lo troverai e lo farai

Capitare in mano al padrone, E gli farai entrare

Nel cervello che se di quel libro Non si disfarà, la scomunica

Gli porterà; così questo del libro Vorrà disfarsi e col tuo aiuto Verrà portato alla mia presenza, E a poco me lo venderà,

Oppure se è un manoscritto Invece di un libro, via lo getterà;

E col tuo aiuto verrà in mia presenza, E potrò acquistano

Senza nessuna spesa, E così per me

Sarà grande fortuna!

Ho ottenuto il testo precedente, con un certo ritardo, come risposta a una domanda circa quale scongiuro si dovrebbe pronunciare prima di andare a far compere, per essere sicuri di trovare qualche libro raro o altro oggetto desiderato a un prezzo molto basso. Perciò l'invocazione è stata formulata in modo tale da renderla applicabile all'acquisto di libri. Tuttavia coloro che desiderano comperare qualsiasi altra cosa a condizioni ugualmente vantaggiose, devono semplicemente cambiare la loro richiesta, mantenendo però immutata l'introduzione che è quella che possiede le virtù magiche. Sono convinto, comunque, che questa invocazione sia utile soprattutto, e possa dare maggior risultati, nella ricerca di oggetti antichi, libri e oggetti d'arte; dovrebbe quindi essere memorizzata correttamente da ogni collezionista di oggetti rari e di libri. Dovrei tuttavia ammonire il lettore che la richiesta, invece di essere esaudita, avrà l'effetto opposto o si volgerà in sfortuna se chi la ripete non lo fa con la fede più sincera, ma questa non si può ottenere dicendo semplicemente a se stessi «Io credo». Perché acquistare vera fede in qualsiasi cosa richiede una lunga e seria disciplina mentale; non c'è infatti alcun altro argomento del quale si parla in termini così generici e che è così poco capito. Qui parlo del tutto seriamente perché l'uomo che può esercitare la sua fede a credere veramente nella propria volontà e a coltivarla o svilupparla, può compiere realmente ciò che il mondo considera come miracoli. Verrà il giorno in cui questo principio costituirà la base non solo di tutta l'educazione, ma anche di tutta la morale e la cultura sociale. Credo di aver enunciato compiutamente questo principio in un lavoro intitolato «Avete una Forte Volontà? Come Sviluppare la propria Volontà e qualsiasi altra Facoltà o Attributo della Mente e renderli Abituali».

Tuttavia il lettore che ha una fede sincera può, come affermano le streghe, utilizzare questo incantesimo ogni giorno prima di mettersi a cercare occasioni nei negozi, oggetti perduti o qualsiasi altra cosa. Se è attratto dalla bellezza in forma femminile, incontrerà le bonnes fortunes; se è un commerciante, farà buoni affari. Il botanico che lo ripete prima di andare nei campi probabilmente scoprirà qualche pianta nuova, e l'astronomo che scruta il cielo di notte può essere quasi sicuro di imbattersi in un nuovo pianeta o per lo meno in un asteroide. L'incantesimo dovrebbe essere ripetuto prima di andare alle corse dei cavalli, visitare amici e luoghi di divertimento, comperare o vendere, pronunciare discorsi e soprattutto prima di andare a caccia o uscire di notte, in quanin Diana è la dea della caccia e della notte. Ma guai a chi lo farà per scherzo!

UN INCANTESIMO PER AVERE UNA BUONA VENDEMMIA E UN OTTIMO VINO CON L'AIUTO DI DIANA

Colui che vuole avere una buona vendemmia e un buon vino dovrà prendere un corno pieno di vino, andare con questo nei vigneti o nei campi dove crescono le viti e, bevendo dal corno, dire:

Bevo ma non bevo il vino, Bevo il sangue di Diana,

Che da vino nel sangue di Diana Si deve convertire,

E in tutte le mie viti Lo spanderà,

E buona raccolta mi verrà.

Ma quando avrò avuto buona raccolta, Non sarò ancora fuori di sciagura, Perché il vino cattivo mi puoI venire, Perché puoI nascere l'uva

A luna vecchia...

E così il mio vino puole sempre andare In malora — ma io bevendo

In questo como, e bevendo il sangue, Il sangue di Diana, col suo aiuto

La mano alla Luna nuova io bacerò, Che la mia uva possa guardare, Al momento che crea l'occhiolo

Alla crescenza dell'uva E fino alla raccolta,

Che possa venire il mio vino buono, E che si possa
mantenere

Da prendere molti quattrini,

E possa entrare la buona fortuna Nelle mie vigne

E nei miei poderi!

Quando il mio vino penderà

Di andare a male, il corno prenderò E forte, forte lo
suonerò,

Nel punto della mezza notte, Dentro alla mia cantina lo
suonerò, Lo suonerò tanto forte

Che tu bella Diana anche da molto lontano, Tu lo possa
sentire,

E finestre e porte

Con gran forza tu possa spalancare, A gran corsa tu mi
possa venire

A trovare, e tu possa salvarmi Il mio vino e tu possa
salvare, Salvare me da grande sciagura,

Perché se il mio vino a male anderà, La miseria mi
prenderà.

E col tuo aiuto, bella Diana, Io sarò salvato.

Questa è una invocazione e una tradizione molto
interessante, probabilmente anche molto antica a
giudicare dalla sua sorprendente evidenza intrinseca.

72

Perché è in primo luogo dedicata a un argomento che ha ricevuto poca attenzione — cioè la connessione di Diana in quanto la luna con Bacco — anche se nel grande Dizionario Storico Mitologico di Pozzoli e altri è espressamente affermato che in Grecia il suo culto era associato con quello di Bacco, Esculapio e Apollo. Il nesso che collega questi culti è il corno. In una medaglia di Alessandro Severo, Diana di Efeso porta la cornucopia. Questa rappresenta il corno o le corna della luna nuova, sacri a Diana. Secondo Callimaco, Apollo stesso costruì in onore di Diana un altare costituito interamente di corna.

La connessione del corno con il vino è ovvia. Tra gli antichi Slavi era consuetudine che il sacerdote di Svantevit, il dio del Sole, guardasse se il corno che l'idolo teneva in mano era pieno di vino per predire una buona vendemmia per l'anno successivo. Se il corno era pieno, tutto sarebbe andato bene. Se il corno era vuoto, egli lo riempiva e beveva da esso; poi lo riponeva nella mano dell'idolo e prediceva che alla fine tutto sarebbe andato bene. Non può non sorprendere il lettore il fatto che questa cerimonia è stranamente simile a quella descritta nell'invocazione italiana, con la sola differenza che in una si invoca il Sole per assicurarsi un buon raccolto e nell'altra la Luna.

Nelle Leggende di Firenze c'è la leggenda di Via del Corno in cui l'eroe, caduto in un grande tino di vino, si salva dall'annegare suonando a gran forza un corno. Udendo il suono che giunge a una distanza incredibile, perfino a terre sconosciute, tutti accorrono come stregati a salvarlo. Anche nell'invocazione precedente, Diana accorre dalle profondità del cielo al suono del corno, spalancando porte e finestre per salvare il vino di colui che suona. C'è un'affinità singolare tra questi racconti.

Nella leggenda di Via del Corno, l'eroe è salvato dal Folletto Rosso che gli dà il corno ed è lo stesso folletto che appare nello scongiuro del Sasso a Palla, sacro a Diana. Questo perché lo spirito è notturno ed è il servitore di Diana Titania.

Baciarsi la mano alla luna nuova è una cerimonia di antichità sconosciuta e, perfino ai suoi tempi, Giobbe la considerava pagana e proibita — il che significa sempre antiquata e fuori moda .- come quando dichiarò (xxxi 26, 27):

«Se guardassi la luna camminare luminosa... e il mio cuore fosse segretamente stregato o la mia bocca baciasse la mia mano... questa sarebbe un'iniquità che deve essere punita dal Giudice, perché avrei negato il Dio che sta in alto». Dalla qual cosa si può dedurre che Giobbe non capiva che Dio aveva creato la luna e appariva in tutte le sue opere, o diversamente che egli credeva realmente che la luna fosse una divinità indipendente. In ogni caso, è curioso vedere come questo antico rito proibito sia sopravvissuto, eretico quanto mai.

La tradizione, come l'ho data, omette evidentemente una parte della cerimonia che può essere fornita dagli autori classici. Quando il contadino compie il rito, non deve comportarsi come fece una volta il servitore africano di un mio amico. Il compito di questo negro era di versare ogni mattina una libagione di rum a un feticcio — ma lui la versava dentro la sua gola. Il contadino dovrebbe anche aspergere le viti con il vino proprio come gli agricoltori del Devonshire, che osservavano tutte le cerimonie di Natale, aspergevano da un corno i loro meli.

TANA E ENDAMONE, O DIANA E ENDIMIONE

«Hic ultra Endymionem indormit negligentiae».

«Narra la leggenda che Endimione, riammesso nell'Olimpo, da dove era stato espulso per aver mancato di rispetto a Giunone, fu bandito per trent'anni sulla terra. Essendogli stato concesso questa volta di dormire in una caverna del Monte Latmo, Diana, colpita dalla sua bellezza, gli fece visita ogni notte fino a quando ebbe da lui cinquanta figlie e un

figlio. E dopo di ciò Endimione fu richiamato nell'Olimpo».

La seguente leggenda e i relativi incantesimi mi furono dati sotto il nome o il titolo di Tana. Questo era l'antico nome etrusco di Diana, che è ancora conservato nella Romagna Toscana. In più di un'opera italiana e francese ho trovato un qualche racconto o favola di come una strega avesse fatto

addormentare con un incantesimo una fanciulla perché un amante potesse visitarla nel sonno, ma l'unica spiegazione che conosco di tutta questa cerimonia è la seguente.

Tana

Tana era una dea stupenda e amava un giovane straordinariamente bello di nome Endamone; ma il suo amore era ostacolato da una strega, sua rivale, anche se Endamone non si curava per nulla di quest'ultima.

Ma la strega era decisa a conquistarlo, che egli lo volesse o no, e con questo proposito indusse il servo di Endamone a lasciarle passare la notte nella sua stanza. Una volta giunta qui, assunse l'aspetto di Tana che egli amava cosicché, credendola tale, fu felice di vederla e la accolse con abbracci appassionati. Tuttavia il suo amore lo consegnò al potere della strega, in quanto le permise di tagliargli una ciocca di capelli per compiere un incantesimo.

Poi la strega ritornò a casa, prese un pezzo di intestino di pecora e ne fece una piccola borsa. In questa mise la ciocca assieme ad una piuma, pepe e sale, legò la borsa con un nastro rosso e nero, poi cantò una canzone. Era un canto magico dei tempi antichi che diceva:

Scongiurazione

Ho formato questo sacchetto a Endamone, È la mia vendetta per l'amore,

Ch'io ti portavo e non ero corrisposta, Un'altra tu amavi:

La bella dea Tana tu amavi, Ma non l'avrai; di passione Ti struggerai, volontà di fare, Di fare al amore tu avrai,

E non lo potrai fate. Sempre addormentato resterai, Di un sonno che tutto sentirai,

E la tua bella tu vedrai, Ma parlare non potrai. Nel vedete la tua bella, Volontà di fare al amore

Ti verrà, ma non lo potrai fare. Come una candela ti struggerai, Ti struggerai poco a poco, Come una candela al fuoco,

Tu non potrai vivere, Tu non potrai stare, Ti sentirai mancare,

Che il tuo cuore ritto sempre possa stare, E al amore più non potrai fare.

L'amore che io te ho portato, vo', Sia convertito in tanto odio.

Questa, Endamone, è la mia vendetta, E così sono contenta.

Ma Tana che era più potente della strega, anche se non era in grado di rompere l'incantesimo che lo costringeva a dormire, lo liberò da ogni sofferenza (in quanto la incontrava nei sogni) e abbracciandolo cantò un contro-incantesimo.

Il Contro-Incantesimo di Tana

Endamone, Endamone, Endamone! Per l'amore che mi porti e che io pure Ti porto, tre croci su questo letto Vengo a fare, e tre marroni d'India Nel tuo letto vengo a posare.

E questa finestra aperta che la Luna Su il tuo letto risplende,

Come risplende il nostro amore, La, e la prego con gran calore,

Che voglia dare sfogo a questi due cuori, Che tanto ci amiamo, e se questa grazia Mi verrà fatta, chiunque sia innamorata Se mi scongiurerà,

In suo aiuto correrò!

Endamone, Endamone, Endamone!

Sopra te io mi metto al lume, Il tuo cuore lo dimeno,

E mi dimeno io pure e così, E così tanto farò

Tanto farò e tanto faremo, Che uniti ne verremo.

Così successe che la bella dea fece l'amore con Endamone come se fossero stati svegli (invece ciò avveniva nei sogni). Per questo, anche al giorno d'oggi, chiunque voglia fare l'amore con un uomo o una donna che dorme deve ricorrere alla bellissima Tana e così facendo avrà successo.

Questa leggenda, che pure concorda in molti particolari con il mito classico, è stranamente mescolata con pratiche di stregoneria, ma perfino queste, se investigate, dimostrerebbero di essere antiche quanto il resto del testo. Così l'intestino di pecora — usato invece della borsa di lana rossa utilizzata nella magia bianca — il nastro rosso e nero che unisce fili di gioia e di dolore, la piuma (di pavone) o penna maligna, il pepe e il sale si trovano in molti altri incantesimi, ma sempre per portare sventura e provocare sofferenze.

Nessuno ha mai notato, ma è così, che Keats nel suo squisito poema, Endimione, si allontana completamente o ignora lo spirito o il significato originale dell'antico mito, che è invece sviluppato minuziosamente in questo rozzo canto magico. L'idea è quella di un bellissimo giovane che viene baciato furtivamente nel sonno da una dea, Diana, considerata casta. Il significato dell'antico mito è innanzitutto quello dell'alternarsi dell'oscurità e della luce, o della notte e del giorno, da cui hanno

origine le cinquantuno (ora cinquanta-due) settimane dell'anno. È il mito di Diana, la notte, e di Apollo, il sole o la luce, in un'altra forma. Ed è espresso come l'atto di fare l'amore durante il sonno cosa che, quando succede nella vita reale, ha normalmente come protagonista attivo qualcuno che, pur non avendo alcun ritegno, desidera conservare le apparenze. La caratteristica attribuita a Diana dai suoi Iniziati (e per la quale era aspramente ingiuriata dai Padri della Chiesa) era quella di una bellissima ipocrita, che perseguiva amori in silenzioso segreto.

Così come Endimione giacque con la dea della luna, Così fecero Ippolito e Virbio.

Ma c'è un'idea squisitamente sottile e delicatamente strana nella concezione della «chiara fredda luna», apparentemente casta, che getta furtivamente la sua viva luce nei recessi nascosti dell'oscurità e agisce nei misteri occulti dell'amore e dei sogni. Così ha colpito Byron (Don Juan,

113) come un'idea originale il fatto che il sole non risplenda su metà delle azioni proibite di cui la luna è testimone e questo è messo in evidenza nel poema delle streghe italiane. In esso la luna è invocata come la protettrice dell'amore strano e segreto e come la divinità che deve essere specialmente invocata per questo tipo di amore. Colui che pronuncia l'invocazione dice così: la finestra è aperta, la luna risplende sul letto luminosa come

il nostro amore... e io la supplico di darci un grande piacere — uno sfogo.

La luce tremolante e misteriosamente bella della luna, che sembra proiettare una qualche intelligenza o emozione sulla Natura silenziosa e risvegliarla un poco — rendendo pensieri le ombre e facendo assumere un'apparenza di vita a ogni albero e a ogni pietra, ma una luce che, pur luccicando e palpitando, dorme ancora in un sogno — non poté sfuggire ai Greci che la espressero poeticamente come Diana che abbraccia Endimione. Poiché la notte è il tempo sacro dei segreti e la vera Diana dei Misteri era la Regina della Notte, che portava sulla fronte la mezzaluna ed era la signora di tutte le cose nascoste, inclusi «i dolci peccati segreti e le cose obbrobriose ma amate», questo mito aveva un significato più profondo di quanto non sembri in apparenza. Proprio come si credeva che Diana fosse la Regina delle streghe emancipate e della Notte, o la stessa Venere-Astarte notturna, così si interpretava l'amore per Endimione dormente come sensuale e tuttavia sacro e allegorico. Ed è esattamente in questo senso che le streghe italiane, che affermano a ragione di esserne le vere eredi, hanno preservato e interpretato l'antico mito.

E la percezione dell'amore proibito e segreto, assieme all'attrazione per ciò che è appena visibile ma bello al chiaro di luna, e assieme al fascino magico o fatato del soprannaturale — un romanzo interamente contenuto in una sola strana forma — l'incantesimo della Notte!

C'è un silenzio pericoloso in quell'ora, Una quiete che lascia spazio all'anima Di aprirsi completamente, senza il potere

Di conservare del tutto il proprio autocontrollo;

La luce argentea che, consacrando alberi e torri, Diffonde
la bellezza e una profonda dolcezza sul tutto, Ispira anche
il cuore, e su di esso getta

Un piacevole languore che non è riposo.

Questo è il significato del mito di Diana e di Endimione. E
il rendere divino o bello (che per i Greci erano la stessa
cosa) ciò che è passionale, segreto e proibito. E
l'incantesimo delle acque rubate che sono dolci e intense
come la poesia. Ed è notevole che questo mito sia stato
così stranamente preservato nelle tradizioni delle streghe
italiane.

MADONNA DİANA

C'era una volta, in tempi molto antichi, a Cettardo Alto
una fanciulla di straordinaria bellezza ed era fidanzata
con un giovane tanto bello quanto lei; ma sebbene fossero
nati e cresciuti in buone famiglie, la sfortuna, le disgrazie
di guerra o il destino li avevano resi entrambi
estremamente poveri. La giovane donna aveva una sola
colpa, il suo grande orgoglio; infatti non voleva sposarsi,
se non poteva farlo con grande sfarzo e festeggiamenti,
con begli abiti e molte damigelle d'onore di rango.

Questo era diventato per la bellissima Rorasa — perché
tale era il suo nome — un desiderio così intenso da farle
quasi perdere la testa. Le altre ragazze di sua conoscenza,
per non menzionare i molti uomini che essa aveva
rifiutato, la deridevano così accanitamente chiedendole
quando ci sarebbe stato il bel matrimonio e beffandosi di
lei in molti altri modi che alla fine, in un momento di
pazzia, ella andò in cima ad un'alta torre e si buttò giù;
per rendere la cosa peggiore, c'era al di sotto un tremendo
burrone (una balza), in cui cadde.

Tuttavia non si fece alcun male perché, mentre cadeva, le
appai-ve una bellissima donna, un essere ultraterreno, che
la prese per mano e la portò attraverso l'aria in un luogo
sicuro.

Allora tutta la gente intorno, che aveva visto o udito di
questo fatto, gridò «Al miracolo! »; ed essi si riunirono per

fare una grande festa e persuasero Rorasa che era stata salvata dalla Madonna.

Ma la signora che l'aveva salvata, visitandola segretamente, le disse: «Se hai qualsiasi desiderio, segui il Vangelo di Diana o quello che è chiamato il Vangelo delle Streghe, le quali adorano la luna».

Se la Luna adorerai Tutto tu otterrai.

Allora la bellissima fanciulla andò da sola di notte nei campi e, inginocchiandosi su una pietra di una vecchia rovina, adorò la luna e invocò Diana in questo modo:

Diana, bella Diana!

Tu che dalla grande caduta Mi hai bene salvata!

Ti prego di farmi un'altra grazia, Di farmi far un bello sposalizio,

Uno sposalizio ricco e accompagnato Da molte signore...

Se questa grazia mi farai, Sempre il Vangelo delle Streghe

Io asserirò.

Quando Rorasa si svegliò al mattino, si trovò in un'altra casa dove tutto era magnifico e, dopo che si fu alzata, una bellissima damigella la condusse in un'altra stanza dove fu vestita con uno stupendo abito da sposa fatto di seta bianca e ornato di diamanti, perché era proprio il suo abito di nozze. Poi apparvero dieci giovani damigelle, tutte splendidamente abbigliate e con loro e con molte altre persone di rango ella andò in chiesa in carrozza. Tutte le strade erano piene di musica e di gente che portava fiori.

Qui trovò lo sposo e si sposò come il suo cuore desiderava, ma dieci volte più sfarzosamente di quanto avesse mai sognato. Poi, dopo la cerimonia, fu celebrata una festa alla quale partecipò tutta la nobiltà di Cettardo e inoltre l'intera città, ricchi e poveri, fece festa.

Quando i festeggiamenti furono finiti, ogni damigella fece un magnifico regalo alla sposa — una le diede dei diamanti, un'altra una pergamena scritta in oro, dopo di che chiesero il permesso di andare tutte insieme nella sacrestia. Qui rimasero indisturbate per alcune ore, fino a quando il prete mandò un chierico a vedere se avessero bisogno di qualcosa. Ma quale fu la meraviglia del giovane nel vedere, invece delle dieci damigelle, le loro dieci statue di legno o di terracotta assieme a quella di Diana che stava sopra una luna, ed erano tutte fatte e adornate così magnificamente da avere un immenso valore.

Perciò il prete mise quella statua nella chiesa, che è la più antica di Cettardo, e ora in molte chiese si può vedere la Madonna e la Luna, ma è Diana — la Dea della Luna. Il nome Rorasa sembra indicare le parole latine ros, rugiada, rorare, cospergere di rugiada e rorulenta, bagnata di rugiada

— di fatto, la dea della rugiada. Il suo cadere dall'alto ed essere sollevata da Diana si riferisce al cadere della rugiada la notte e al suo alzarsi in vapore sotto l'influenza della luna. È possibile che questo sia un antichissimo mito latino. Anche la seta bianca e i diamanti indicano la rugiada.

LA CASA DEL VENTO

«Ascolta l'urlo e il fischio dei venti, il loro rombo sordo quando giungono mugghiando, Perché la potenza ha molte voci, e quando si scatena La tempesta, in volo chiama con gioia spaventosa E riecheggia quando colpisce il fianco della montagna, E si abbatte sulla foresta. Ascolta l'urlo! Sicuramente un dio ha messo in libertà i suoi leoni E ride al sentirli infuriare da lontano».

C.G. Leland

Il seguente racconto non fa parte del Vangelo delle Streghe, ma l'ho incluso nella collezione in quanto conferma il fatto che il culto di Diana perdurò per molto tempo contemporaneamente al cristianesimo. Il suo titolo completo nel manoscritto originale compilato da Maddalena, che aveva ascoltato la leggenda da un uomo di Volterra, è La Pellegrina della Casa del Vento. Posso aggiungere che, come dice il racconto, la casa in questione esiste ancora.

C'è una casa di contadini all'inizio della collina, o salita, che conduce a Volterra ed è chiamata la Casa del Vento. Vicino ad essa sorgeva una volta un piccolo palazzo, dove viveva una coppia di sposi che aveva un'unica figlia, che essi adoravano. In verità, se la bambina aveva anche solo mal di testa, tutti e due i genitori erano assaliti dalla paura più grande.

Poco a poco la ragazza cresceva e l'unico pensiero della madre, che era una donna molto devota, era che diventasse suora. Ma alla ragazza questa idea non piaceva; diceva che sperava di sposarsi come tutte le altre. Un giorno, guardando dalla finestra, udì gli uccelli cantare gioiosi sulle viti e sugli alberi e, vedendoli, disse alla madre che anche lei sperava un giorno di avere una famiglia di uccellini tutti suoi che cantassero intorno a lei in un'allegra nidiata.

La madre era così arrabbiata delle parole della figlia che le diede uno schiaffo. La ragazza pianse, ma rispose con coraggio che, se fosse stata ancora percossa o trattata male, avrebbe presto trovato il modo di scappare e di sposarsi, perché non aveva nessuna intenzione di essere fatta suora contro la propria volontà.

Nell'udire ciò la madre si spaventò moltissimo, perché conosceva il carattere della figlia e temeva che avesse già un'amante e che facesse uno scandalo per le percosse ricevute. Valutando la situazione da un altro punto di vista, si ricordò di un'anziana signora di buona famiglia, anche se impoverita, che era conosciuta per la sua intelligenza, il suo sapere e il suo potere di persuasione, e pensò, «Questa è la persona più adatta per indurre mia figlia a diventare una ragazza pia, nempirle la testa di devozìoni e farla diventare suora». Così mandò a chiamare questa signora intelligente, che fu subito nominata govemante e accompagnatrice costante della ragazza la quale, invece di litigare con la sua tutrice, le si affezionò moltissimo.

Nel mondo tuttavia le cose non vanno sempre come vorremmo e non si può mai sapere quale pesce o granchio si nasconda sotto i sassi di un fiume. Infatti, come si vedrà in seguito, la governante non era affatto cattolica e non affliggeva la ragazza con le minacce di una vita da monaca, che oltretutto non approvava.

Accadde un giorno che la giovane donna, che aveva l'abitudine di rimanere sveglia nelle notti di luna ad ascoltare gli usignoli cantare, pensò di udire la governante nella stanza accanto, la cui porta era aperta, alzarsi e uscire sul grande terrazzo. La notte seguente si ripeté la stessa cosa e, alzandosi silenziosamente senza farsi vedere, la ragazza scoprì l'anziana signora che pregava o per lo meno stava in ginocchio nel chiaro di luna. Questo comportamento le sembrò molto strano, tanto più che la signora inginocchiata mormorava parole che la ragazza non poteva capire e che certamente non facevano parte delle funzioni religiose.

Avendo osservato più volte questo strano fatto, la ragazza infine, scusandosi timidamente, raccontò alla governante quello che aveva visto. Allora quest'ultima, dopo aver riflettuto un po' e vincolandola prima a mantenere il segreto perché, dichiarò, si trattava di una questione di vita o di morte, le parlò nel modo seguente: «Anch'io da giovane, come te, sono stata istruita dai preti ad adorare un dio invisibile. Ma un'anziana donna, di cui mi fidavo molto, mi disse una volta, 'Perché adorare una divinità che non si può vedere, quando c'è la Luna visibile in tutto il suo splendore? Adora lei. Invoca Diana, la dea della Luna, ed essa esaudirà le tue preghiere'. Dovrai seguire anche tu il Vangelo (delle Streghe e) di Diana, che è la Regina delle Fate e della Luna».

Allora la giovane donna, persuasa, si convertì al culto di Diana e della Luna e, avendo pregato con tutto il cuore di trovare un fidanzato (aveva infatti imparato l'invocazione alla dea), fu presto ricompensata dall'attenzione e dalla devozione di un ricco e coraggioso cavaliere, che era veramente il pretendente più ammirabile che qualcuno potesse desiderare. Ma la madre, che era più incline ad assecondare il suo desiderio di vendetta e la sua crudele vanità che non la felicità della figlia, era furibonda e, quando il gentiluomo si presentò, gli ordinò di andarsene perché sua figlia era destinata a diventare suora e suora sarebbe diventata o sarebbe morta.

Così la giovane donna fu rinchiusa in una cella in cima a una torre, senza nemmeno la compagnia della sua governante, e fu sottoposta a dure sofferenze, dovendo dormire sul pavimento di pietra; sarebbe anche morta se la madre avesse potuto imporsi.

Allora in questo estremo bisogno pregò Diana di liberarla dalla sua prigionia; quando ecco! trovò la porta della prigione aperta e poté fuggire con facilità. Poi, avendo ottenuto un abito da pellegrina, viaggiò in lungo e in largo insegnando e predicando la religione dei tempi antichi, la religione di Diana, la Regina delle Fate e della Luna, la dea dei poveri e degli oppressi.

La fama della sua saggezza e della sua bellezza si diffuse ovunque e la gente la venerava chiamandola La Bella Pellegrina. Da ultimo la madre, udendo di lei, era più in collera che mai e alla fine, dopo molte difficoltà, riuscì a farla arrestare e mettere di nuovo in prigione. Poi in un accesso di rabbia le domandò ancora se voleva diventare suora. A questa domanda la giovane donna rispose che non era possibile, perché aveva abbandonato la Chiesa cattolica e adesso adorava Diana e la Luna.

La fine di questo fu che la madre, considerando la figlia ormai perduta, la consegnò ai preti perché fosse torturata e messa a morte, com'era la sorte di tutti quelli che non erano d'accordo con loro o che avevano lasciato la loro religione.

La gente però non era contenta, perché adorava la sua bellezza e bontà ed erano pochi quelli che non avevano beneficiato della sua carità.

Ma con l'aiuto del suo fidanzato essa ottenne come ultima grazia, la notte prima di essere torturata e messa a morte, di poter uscire con una guardia nel giardino del palazzo a pregare.

Così fece e, fermandosi vicino alla porta della casa che ancora si trova là, pregò Diana di liberarla dalla terribile persecuzione alla quale era sottoposta, in quanto perfino i suoi genitori l'avevano consegnata a una morte orrenda.

Nel frattempo i genitori, i preti e tutti quelli che volevano la sua morte si trovavano nel palazzo a sorvegliare che non fuggisse.

Quando ecco! in risposta alle sue preghiere si alzò un vento fortissimo e si scatenò una tempesta terribile, una tempesta che non si era mai vista prima, che abbatté e portò via il palazzo con tutti quelli che si trovavano dentro; non rimase pietra su pietra né anima viva fra tutti quelli che c'erano dentro. Gli dei avevano risposto alle sue preghiere.

La giovane donna fuggì felicemente con il suo fidanzato e lo sposò; la casa di contadini dove la ragazza si era fermata a pregare è ancora chiamata «la Casa del Vento».

Questa è la trascrizione accurata del racconto come l'ho ricevuto; ma devo ammettere di aver condensato molto il testo originale che consta di venti pagine e che, tolte le sovrastrutture, indica la capacità del narratore di scrivere un romanzo moderno abbastanza pregevole, perfino un romanzo francese di seconda classe, il che è dire molto. E vero che nel racconto non si trovano descrizioni dettagliate del paesaggio, del cielo, degli alberi o delle nubi — e in questo senso Volterra offrirebbe molti spunti — ma la storia è sviluppata in un modo che dimostra un dono per la narrazione. Tuttavia il racconto è insolitamente originale e vigoroso, in quanto rappresenta un vestigio di puro paganesimo classico e una sopravvivenza della fede negli antichi miti che l'Ellenismo riflesso e di seconda mano degli Esteti può difficilmente uguagliare. Che un autentico culto o fede nelle divinità classiche sia sopravvissuto fino ad oggi proprio nel paese del Papato, è un fatto molto più interessante che non la scoperta di un mammut vivente in qualche remoto angolo della terra, in quanto il primo è un fenomeno umano. Prevedo che un giorno, e forse fra non molto, gli studiosi saranno sorpresi nello scoprire fino a che tarda epoca un corpo immenso di antiche tradizioni sia sopravvissuto nell'Italia del Nord e quanto siano state indifferenti nei suoi confronti le persone colte, in verità essendoci stato solamente un uomo, e per di più uno straniero, che si sia seriamente dedicato a raccogliere e preservare queste tradizioni.

È probabile che ci siano stati molti episodi commoventi di martiri pagani costretti a ripudiare le loro amate divinità, come Diana, Venere, le Grazie e altre dee venerate per la loro bellezza, così come ci furono martiri tra i cristiani gettati in pasto ai leoni. Perché i pagani amavano i loro dei con affetto e simpatia umani, senza misticismo o paura, come si trattasse di loro congiunti; e molti di essi credevano realmente nel loro intervento quando qualche damigella, che aveva fatto un passo falso, si liberava della sua colpa attribuendo il fatto a qualche dio, fauno o satiro; la qual cosa è molto commovente. C'è molto da dire sia a favore sia contro gli idolatri o gli adoratori di bambole, come ho sentito una bambina definirli.

TANA, LA DEA DELLA LUNA

Il seguente racconto, che è apparso originalmente nelle Leggende di Firenze e che io stesso ho raccolto dalla gente, non fa parte propriamente del Vangelo delle Streghe e non si accorda strettamente con esso; tuttavia non poteva essere omesso in quanto tratta dello stesso argomento. In esso Diana appare semplicemente come la casta dea della luna e non come strega. Il nome che mi è stato dato è Fana; la mia informatrice disse che poteva essere Tana, ma non era sicura. Poiché Tana

appare in un altro racconto e il soggetto è certamente Diana, non può esserci dubbio circa la loro identità.

Tana, la Dea della Luna

Tana era una ragazza molto bella, ma estremamente povera, e tanto modesta e pura quanto bella e umile. Andava a lavorare da una fattoria all'altra e così conduceva una vita onesta.

C'era un giovane mascalzone, un individuo orrendo e bestiale, che perseguiva con furia il suo amore, ma lei non sopportava nemmeno di vederlo e respingeva tutte le sue proposte.

Una notte, mentre ritornava da sola a casa dalla fattoria dove aveva lavorato, quest'uomo, che si era nascosto in un boschetto, saltò fuori e gridò, «Non mi sfugggirai; sarai mia!»

Non vedendo alcun soccorso vicino, ma solo la luna piena che la guardava dal cielo, Tana, disperata, si gettò in ginocchio e la implorò:

Non ho nessuno sulla terra che possa difendermi, Solamente tu mi vedi in questo frangente;

Perciò ti supplico, oh Luna!

Tanto sei bella quanto sei luminosa,

Tu diffondi il tuo splendore su tutti gli uomini; Così ti prego di illuminare la mente

Di questo povero furfante che vorrebbe farmi del male, O anche peggio. Infondi la luce nella sua anima,

Che mi lasci in pace e che io possa Ritornare in tutta la tua luce alla mia casa!

Dopo che ebbe detto questo, apparve davanti a lei una forma luminosa ma indistinta — un'ombra bianca — che le disse:

Alzati e ritorna a casa!

Ti sei meritata questa grazia; Nessuno più ti insidierà,

Tu che sei la più pura di tutte sulla terra!

Tu sarai una dea, La Dea della Luna,

Regina di tutti gli incantesimi!

Così Tana diventò la dea o lo spirito della Luna.

Sebbene la musicalità del testo originale sia resa diversamente nella mia traduzione, questo è un poema di pura melodia; il suo contenuto è lo stesso di quello di «Goody Blake e Harry Gui» di Wordsworth. Sia Tana che la vecchia dama Goody sono sorprese e spaventate; tutte e due implorano un potere più alto:

Con la fredda, fredda luna sopra di lei, Così Goody pregò stando in ginocchio;

Il giovane Harry udì ciò che essa aveva detto, e si allontanò agghiacciato.

Il nucleo drammatico dei due poemi è lo stesso. La ballata inglese si conclude sobriamente con un attacco incurabile di febbre malarica inflitta a un giovane, bramoso mascalzone. La strega-poetessa italiana, con maggior sensibilità e simpatia per l'eroina, mette da parte il bruto senza menzionarlo ulteriormente e divinizza la fanciulla identificandola con la Luna. Il primo poema è più realistico, il secondo è più poetico.

Qui vale la pena osservare, anche se si tratta di una digressione, che la maggior parte delle persone possono cogliere e apprezzare la poesia da un punto di vista puramente verbale o formale — cioè oggettivamente. Difficilmente la riconoscono o la apprezzano quando è espressa soggettivamente o come pensiero, ma non in qualche genere di verso, metrica o altra forma regolare. Il seguente è un esperimento curioso, ma che merita di essere studiato. Prendete un passo di qualche poeta famoso e riscrivetelo in semplice prosa, rendendo pienamente giustizia al suo significato autentico. Se suscita ancora fremiti di emozione come se fosse poesia, allora è di prima classe. Ma se ha completamente perso il suo fascino, allora è di seconda classe o inferiore; perché la poesia migliore non si può creare utilizzando semplicemente parole mascherate con associazioni, siano mentali o emotive.

Queste osservazioni non si discostano dall'argomento principale, come potrebbe sembrare. Leggendo e cogliendo in modo soggettivo questo materiale, sono spesso colpito dal fatto che nelle tradizioni delle Streghe da me raccolte c'è un meraviglioso pensiero poetico, che supera di gran lunga gli sforzi di molti bardi moderni e che ha solo bisogno di una persona capace di esprimerlo in versi per raggiungere il livello più alto. Una conferma di quanto sostengo si può trovare nel fatto che, in poemi famosi come La Scoperta della Lyra di James Russell Lowell e in quello della signora Browning sull'invenzione del flauto di Pan, ciò che costituisce la parte più squisita e raffinata del mito originale è stata omessa da tutti e due gli autori semplicemente perché non la riconobbero o non vi prestarono attenzione. Nel primo poema infatti non si dice che fu il soffio del dio Aria (il dio ispiratore della musica antica, conosciuto come Bellaria nella mitologia moderna delle streghe) sui filamenti disseccati del guscio di una tartaruga a suggerire a Ermes la costruzione dello strumento con cui egli produceva la musica delle sfere e guidava il corso dei pianeti. In quanto alla signora Browning, essa dimentica completamente Syrinx, cioè la voce della ninfa che ancora si trattiene nel flauto che era stato il suo corpo. Ora a me sembra che l'antica prosa narrativa di questi miti è molto più profondamente poetica e commovente, molto più ispirata dalla bellezza e dal sentimento che non le versioni imperfette, anche se rese in buona rima o metrica, dei nostri poeti. Infatti una tale mancanza di conoscenza o di sensibilità si può trovare in tutti i poemi «classici», non solo quelli di Keats, ma anche quelli di quasi tutti i poeti dell'epoca che si sono occupati di argomenti greci.

Ai pittori e ai poeti è concessa una grande libertà di espressione, ma quando essi prendono un argomento, specialmente una tradizione profonda, e non riescono a coglierne il senso reale e semplicemente ci danno qualcosa di leggiadro, ma non così ricco di significato come l'originale, difficilmente si può dire che abbiano fatto il loro lavoro come avrebbe potuto o dovuto essere fatto. Trovo che questo limite non si riscontra nelle versioni delle leggende antiche preservate dalle streghe italiane o toscane; al contrario esse apprezzano mtensamente e perfino espandono l'antico spirito. Per questo non ritengo impossibile, come ho scritto altre volte, che in certi casi le leggende antiche, perfino nella loro forma attuale, siano state preservate più compiutamente e accuratamente nelle tradizioni popolari che non nei documenti lasciatici dagli scrittori latini.

Ora, a proposito di non afferrare il punto, vorrei ricordare a quei lettori molto attenti alla forma letterale di un testo che, se trovano molti errori di grammatica e di ortografia nei testi delle invocazioni e degli scongiuri, non devono attribuirli solo, come ha fatto un noto recensore, all'ignoranza dell'autore, ma anche all'educazione limitata della persona che li ha raccolti e trascritti. Mi sovviene di questo per aver visto in una biblioteca pubblica una copia delle mie Leggende di Firenze, nella quale qualche buon'anima attenta si era presa il disturbo di correggere a matita tutti gli arcaismi. Nel fare questo egli, o ella, era come quel correttore di bozze di Boston che in un mio libro cambiò l'ortografia di molte citazioni di Chaucer, Spenser e altri secondo le forme più pure, o impure, del Webster; probabilmente costui aveva l'impressione che fossi estremamente ignorante per quanto riguarda l'ortografia. Quanto allo scribacchiare o rovinare libri, i quali appartengono sempre almeno in parte ai posteri, e un azione volgare come pure immorale che rivela chi siano le persone più di quanto esse stesse immaginino.

Solo uno zoticone ignobile come un ladro
Scribacchierebbe un libro o strapperebbe una pagina, In quanto è un furto, come è ben noto,

Disporre liberamente di ciò che non è nostro.

DİANA E İ BAMBİNİ

In tempi antichissimi c'era a Firenze una famiglia di origini nobili, ma che era diventata così povera che i loro giorni di festa erano più unici che rari. Tuttavia essi vivevano nel loro vecchio palazzo (che si trovava nella via ora chiamata Via Cittadella), che era un bel vecchio edificio, e così mantenevano un'apparenza di fasto agli occhi del mondo, quando in realtà spesso non avevano nulla da mangiare.

Attorno a questo palazzo c'era un grande giardino nel quale si ergeva un'antica statua di marmo di Diana, rappresentata come una bellissima donna che correva con un cane al suo fianco. Teneva in mano un arco e portava sulla fronte una piccola luna. Si diceva che la notte, quando tutto era calmo e silenzioso, la statua si rianimava e fuggiva, e non ritornava fino a quando la luna non tramontava o il sole non sorgeva.

Il padre della famiglia aveva due bambini che erano buoni e intelligenti. Un giorno essi tornarono a casa con molti fiori che avevano ricevuto in dono e la piccola bimba disse al fratello:

«La bella signora dell'arco dovrebbe avere alcuni di questi fiori!»

Dicendo questo, cosparsero i fiori ai piedi della statua e fecero una ghirlanda che il ragazzo mise sulla sua testa.

Proprio allora il grande poeta e mago Virgilio, che sapeva tutto sugli dei e sulle fate, entrò nel giardino e disse loro sorridendo:

Avete fatto un'offerta di fiori alla dea proprio come si faceva nei tempi antichi; vi rimane solo da pronunciare correttamentela seguente preghiera:

Invocazione a Diana

Bella dea dell'arco! Bella dea delle frecce! Della caccia e dei cani! Tu vegli colle stelle,

Quando il sole va a dormir, Tu colla luna in fronte, Cacci la notte meglio del dì.

Colle tue Ninfe al suono Di trombe — Sei la regina

Dei cacciatori — regina della notte, Tu che sei la cacciatrice

Più potente di ogni Cacciator — ti prego, Pensa un poco a noi!

Poi Virgilio insegnò loro la Scongiurazione o incantesimo da pronunciare per chiedere la buona fortuna.

La Scongiurazione a Diana

Bella dea dell'arco e del cielo!

Delle stelle e della luna! La regina più potente

Dei cacciatori e della notte!

A te ricorriamo,

E chiediamo il tuo aiuto, Che tu possa darci

Sempre la buona fortuna! Poi aggiunse la conclusione: Se la nostra scongiurazione

Ascolterai,

E buona fortuna ci darai, Un segnale a noi lo darai!

Se sei favorevole

Ed esaudisci la mia richiesta, Che io possa udire

Il latrato di un cane, Il nitrito di un cavallo,

Il gracidare di una rana, Il cinguettio di un uccello, Il canto di un grillo...

Normalmente si sceglievano tre o quattro suoni di animale. Questi potevano essere diversi da quelli elencati, ma non cambiavano nella sostanza. A volte si chiedeva una manifestazione visibile come, per esempio, il fulmine. Vedere un cavallo bianco significa che la richiesta sarà esaudita entro pochi giorni. Significa anche vittoria.

Dopo aver insegnato loro questo incantesimo, Virgilio se ne andò.

Allora i bambini corsero a raccontare ai genitori tutto ciò che era successo, ma questi ultimi ordinarono loro di mantenere il segreto e di non fiatare una parola o fare un accenno di questo con nessuno. Ma quale fu la loro sorpresa quando, il mattino dopo, trovarono davanti alla statua un cervo appena ucciso che diede loro da mangiare per molti giorni. Da allora non mancò mai loro selvaggina di ogni genere, quando la preghiera era stata pronunciata devotamente.

C'era un vicino di questa famiglia, un prete, che odiava ogni tradizione e venerazione degli dei dei tempi antichi e tutto ciò che non apparteneva alla sua religione. Passando un giorno per il giardino, vide la statua di Diana coronata di rose e di altri fiori e, infuriato, trovando nella strada un cavolo marcio, lo rotolò nel fango e lo tirò tutto gocciolante in faccia alla dea dicendo:

Ecco mala bestia d'idoli!

Questo è l'omaggio che io ti do, Già che il diavolo ti aiuta!

Poi il prete udi una voce nell'oscurità densa delle foglie che diceva:

Bene, bene! Tu mi hai fatto L'offerta — tu avrai

La tua porzione Della mia caccia. Aspetta!

Per tutta la notte il prete fece sogni paurosi. Quando infine, poco prima delle tre del mattino, si addormentò, si risvegliò improvvisamente da un incubo in cui sembrava che qualcosa di pesante

fosse posato sul suo petto. Qualcosa infatti gli cadde di dosso e rotolò sul pavimento. Quando si alzò a raccoglierlo e lo guardò alla luce della luna, vide che era una testa umana mezza putrefatta.

Un altro prete, che aveva udito le sue grida di terrore, entrò nella stanza e, dopo aver guardato la testa, disse: «Conosco questa faccia. E quella di un uomo che ho confessato prima che fosse decapitato tre mesi fa a Siena».

Tre giorni dopo il prete che aveva insultato la dea morì.

Questo racconto non mi è stato dato come parte del Vangelo delle Streghe, ma come una delle numerose leggende connesse a Virgilio quale mago. Tuttavia ha il suo giusto posto in questo libro perché contiene l'invocazione e lo scongiuro a Diana, che sono estremamente belli e originali. Quando si pensa a come questi «inni» siano stati trasmessi e preservati da anziane donne e come abbiano indubbiamente subito alterazioni e cambiamenti nel processo di trasmissione, non può non sembrare straordinario che tanta bellezza classica permanga ancora in essi, come per esempio nel passo seguente:

Bella dea dell'arco! Bella dea delle frecce! Tu vegli colle stelle!

Robert Browning era un grande poeta, ma se confrontiamo tutti i poemi delle streghe italiane con il suo ammirato discorso di Diana-Artemide, i critici imparziali certamente ammetteranno che le invocazioni italiane sono altrettanto belle quanto quella seguente dell'autore:

Io sono la dea delle divine corti dell'ambrosia,

E tranne che da Era, Regina dell'Orgoglio, non superata Da nessuno degli dei i cui templi imbiancano questo mondo: Attraverso il Cielo faccio rotolare la mia lucida luna,

Negli Inferi diffondo la pace sopra la mia pallida gente, Sulla Terra ho cura di tutte le creature e proteggo

Ogni gravida lupa gialla e ogni volpe lucente,

E la nidiata impiume di ogni madre adorna di penne, E tutti quelli che amano i luoghi verdi e la solitudine.

Questo è un bel poema, ma è solo un'imitazione e non uguaglia né nella forma né nello spirito le invocazioni delle streghe italiane, che esprimono invece una fede sincera. Qui si deve riconoscere con rammarico che, in un gran numero di versioni poetiche moderne dei miti classici, gli scrittori nonostante tutto il loro genio artistico hanno prodotto lavori barocchi che appariranno tali alle generazioni future, semplicemente perché non hanno afferrato l'aspetto essenziale o hanno omesso per ignoranza qualcosa di vitale, che non sarebbe probabilmente sfuggito all'autore dei poemi popolari. Achille può essere rappresentato mirabilmente, come l'ho visto rappresentato con una scimitarra turca in una parrucca di Luigi XIV; tuttavia qualcuno potrebbe desiderare che l'artista fosse stato un po' più familiare con l'abbigliamento e con le armi dei greci.

I FOLLETTI MESSAGGERI DI DIANA E DI MERCURIO

Il seguente racconto non mi è stato dato come parte del Vangelo delle Streghe, ma siccome in esso appare Diana e tutto il suo contenuto si riferisce al mito di Diana e Apollo in un'altra forma, l'ho incluso in questa collezione.

Molti secoli fa c'era un folletto, o spirito, o angelo-demonio — chissà che cosa — e Mercurio, il dio della velocità e della rapidità, essendo molto compiaciuto di questo diavoletto, gli concesse il dono di correre come il vento con la prerogativa di poter sempre raggiungere o prendere qualsiasi cosa inseguisse, che fosse uno spirito, un essere umano o un animale.

Questo folletto aveva una sorella bellissima che, come lui, correva in giro a far commissioni non per gli dei, ma per le dee (c'era una divinità femminile per ogni divinità maschile, anche per gli spiriti minori); e quello stesso giorno Diana diede a questo essere fatato il potere di non essere mai raggiunta da chi la inseguiva.

Un giorno il fratello vide la sorella volare nel cielo veloce come il fulmine e improvvisamente provò uno strano desiderio di competere con lei e di superarla. Così le si precipitò dietro mentre ella volava via; ma sebbene il suo destino fosse quello di prendere sempre ciò che inseguiva, la sorella era destinata a non essere mai presa e così la volontà di un dio supremo era bilanciata da quella di un altro.

Così i due continuarono a inseguirsi attorno ai confini del cielo. All'inizio gli dei, vedendoli, scoppiarono a ridere, ma quando capirono la situazione si fecero seri e si chiesero l'un l'altro come sarebbe andata a finire.

Poi il grande dio-padre disse:

«Guardate la terra che è avvolta nell'oscurità e nel buio! Trasformerò la sorella nella luna e il fratello nel sole. Così essa gli sfuggirà sempre, ma egli la raggiungerà con la sua luce che la illuminerà da lontano; perché i raggi del sole sono le sue mani che si allungano in una stretta ardente e che tuttavia non possono afferrare nulla».

Così si dice che questa gara ricomincia di nuovo il primo giorno di ogni mese quando la luna, avendo freddo, si copre di molti manti come una cipolla. Mentre si svolge questa gara, la luna si riscalda e si toglie un capo dopo l'altro fino a essere nuda; allora si ferma e si riveste, e la gara ricomancia.

Come la immensa nube temporalesca cade in gocce scintillanti, così i grandi miti dell'epoca antica si suddividono in piccole fiabe e, come queste gocce a loro volta si riuniscono

En rivière ou sur l'estang, (In un lago silenzioso o in un rivolo solitario)

come direbbe Villon, così pure miti minori si formano dalle acque cadute al suolo. In questo racconto riconosciamo il cane creato da Vulcano e il lupo — Giove pose fine alla loro disputa pietrificandoli, come si può leggere nel quinto libro di Giulio Polluce o in qualsiasi altro testo di mitologia. Is canis fuit postea à Jove in lapidem conversus.

Questo cane da caccia, come è ben noto, fu trasformato da Giove in pietra.

È interessante che in questo racconto la luna sia paragonata a una cipolla. «Tra gli Egiziani», scrive Friedrich (Symbolik der Nature, p. 348), «la cipolla, per via delle sue molte bucce, era l'emblema o il geroglifico della luna multiforme, le cui differenti fasi si vedono chiaramente nel bulbo tagliato a metà, e anche perché la sua crescita o diminuzione corrisponde a quella del pianeta. Perciò era dedicata a Iside, la Dea della Luna». Per questo motivo la cipolla era così sacra che si credeva racchiudesse qualcosa di divino; per questo Giovenale dice che gli Egiziani erano felici di avere gli dei che crescevano nei loro giardini.

LAVERNA

Il seguente strano racconto, assieme all'incantesimo che ne fa parte, non era compreso nel testo del Vangelo, ma appartiene chiaramente al ciclo o serie di leggende ad esso collegate. Diana è proclamata la protettrice di tutti i reprobi, di coloro che vivono di notte e quindi dei ladri; e Laverna, come sappiamo da Orazio (Epistole 16, lib. I) e da Plauto, era preminentemente la patrona dei ladri e dei furfanti. In questo racconto, essa appare moltre come una strega e come un essere dotato di senso dell'umorismo.

Il racconto mi fu dato come una tradizione di Virgilio, che appare spesso come una persona familiare con le leggende meravigliose e segrete dei tempi antichi.

Successe un giorno che Virgilio, il quale conosceva tutte le cose occulte ed era un mago e un poeta, ascoltò il discorso di un oratore famoso ma piuttosto sciocco. Quando gli fu chiesto che cosa ne pensasse, rispose:

Mi sembra impossibile dire se fosse tutto introduzione o tutto conclusione; certamente non aveva corpo. Era come alcuni pesci sui quali uno è in dubbio se siano tutto testa o tutto coda, o solo testa e coda; o come la dea Laverna, della quale nessuno ha mai saputo se fosse tutta testa o tutta corpo, o nessuno dei due o entrambi.

Allora l'imperatore chiese clii fosse questa dea, perché non aveva mai sentito parlare di lei.

E Virgilio rispose:

Tra gli dei e gli spiriti dei tempi antichi — che possano sempre esserci favorevoli!... tra di essi c'era una dea che era la più scaltra e la più disonesta di tutti. Si chiamava Laverna. Era una ladra, ma questo non era noto agli altri dei, che erano onesti e dignitosi, perché essa rimaneva raramente in cielo o nel paese delle fate.

Era quasi sempre sulla terra tra i ladri, i borsaioli e gli imbroglioni — viveva nell'oscurità.

Successe un giorno che Laverna andò da un mortale, un ricco prete, sotto le spoglie di una bellissima e maestosa sacerdotessa (o di qualche dea) e gli disse:

Tu hai una proprietà che desidero comprare. Ho intenzione di costruirci un tempio a Dio. Giuro sul mio corpo che pagherò entro un anno.

Allora il prete le cedette la proprietà.

E ben presto Laverna vendette tutte le messi, il grano, il bestiame, la legna e i polli. Non rimase il valore di un centesimo.

Ma nel giorno fissato per il pagamento Laverna non si fece vedere. La bella dea era andata lontano lasciando in asso il suo creditore.

Allo stesso tempo Laverna andò da un grande signore e comprò da lui un castello, che era ben ammobiliato al suo interno e intorno aveva estesi e ricchi terreni.

Questa volta giurò sulla sua testa che avrebbe pagato del tutto entro sei mesi.

E come aveva fatto con il prete, così si comportò con il padrone del castello; rubò e mise in vendita ogni bastone, mobilio, bestiame, uomini e topi — non rimase nulla da dar da mangiare a una mosca.

Allora il prete e il signore, avendo scoperto chi fosse, si rivolsero agli dei e si lamentarono di essere stati derubati da una dea.

Ed essi vennero ben presto a sapere che questa era Laverna.

Perciò fu chiamata a giudizio davanti a tutti gli dei.

Allora le fu chiesto che cosa avesse fatto con la proprietà del prete, per la quale aveva giurato sul proprio corpo di pagare al tempo stabilito e perché avesse infranto il suo giuramento.

Ed ella rispose con una strana azione che stupì tutti i presenti, perché fece scomparire il suo corpo cosicché solo la sua testa rimase visibile, e piangeva:

Guardatemi! Ho giurato sul mio corpo, ma non ho alcun corpo!

Allora tutti gli dei si misero a ridere.

Dopo il prete venne il signore che essa aveva ingannato giurando sulla propria testa. E per rispondergli Laverna mostrò a tutti i presenti il suo corpo, senza alcun pudore, ed era un corpo di estrema bellezza ma privo di testa; e dal suo collo venne una voce che disse:

Guardatemi, perché sono Laverna,

E sono venuta a rispondere alle lamentele del signore,
Che giura che ho contratto un debito con lui,

E non ho pagato anche se il termine è scaduto, E che sono
una ladra perché ho giurato

Sulla mia testa — ma, come tutti potete vedere, Non ho
testa, e perciò sicuramente

Non ho mai fatto questo giuramento.

Allora ci fu uno scroscio di risa tra gli dei, che risolsero la
questione ordinando alla testa di ricongiungersi al corpo e
comandarono a Laverna di pagare tutti i suoi debiti, cosa
che ella fece.

Poi Giove prese la parola e disse:

Qui c'è una dea disonesta che non riceve ossequi nè ha
adepti mentre ci sono a Roma innumerevoli

ladrz bindolini, truffatori e scrocconi che vivono di frode.

Questa brava gente non ha nè una chiesa né un dio ed è
un gran peccato perché perfino i diavoli hanno un
signore, Satana, a capo della loro famiglia. Perciò ordino
che nel futuro Laverna sia la dea di tutti i bricconi e di
tutti i commercianti disonesti, di tutta la feccia e i rifiuti
della razza umana, i quali fino ad ora non hanno avuto né
un dio né un diavolo, visto che sono stati troppo
spregevoli sia per l'uno che per l'altro.

Così Laverna divenne la dea di tutta la gente disonesta e spregevole. Quando qualcuno progettava di compiere un'azione malvagia o disonesta, andava al tempio di Laverna e invocava la dea che gli appariva come una testa di donna. Se egli aveva compiuto la sua azione disonesta in modo maldestro o incapace, quando la invocava di nuovo vedeva solo il suo corpo; ma se era stato abile, allora vedeva la dea intera, testa e corpo.

Laverna non era più casta di quanto fosse onesta e aveva molti amanti e molti figli. Si diceva che non essendo cattiva di cuore o crudele, si pentiva spesso della sua vita e dei suoi peccati; ma per quanto cercasse, non poteva correggersi perché le sue passioni e i suoi vizi erano inveterati.

E se un uomo aveva provocato una gravidanza a una donna o se una ragazza si trovava incinta e voleva nascondere il fatto per evitare uno scandalo, essi andavano ogni giorno a invocare Laverna.

E quando per la supplice veniva il momento di partorire, Laverna, la notte, la portava nel sonno al suo tempio, dopo il parto la faceva addormentare di nuovo e la riportava nel suo letto. Quando la donna si svegliava al mattino, si sentiva in ottima salute come sempre e per nulla affaticata, e tutto le sembrava come un sogno.

Laverna era indulgente nei confronti di quelle donne che successivamente desideravano riavere i loro bambini, se conducevano una vita a lei gradita e la veneravano fedelmente.

Questa è la cerimonia che deve essere celebrata e lo scongiuro che deve essere fatto ogni notte a Laverna.

Deve esserci un luogo stabilito dedicato alla dea, che sia una stanza, uno scantinato o un boschetto, ma sempre un luogo solitario.

Poi si deve prendere un piccolo tavolo della misura di quaranta carte messe una vicina all'altra e questo deve essere nascosto nello stesso posto, e andando là di notte...

Prendi quaranta carte e mettile sul tavolo facendo come un tappeto o una tovaglia sopra di esso.

Prendi le erbe della paura e della concordia e falle bollire assieme, ripetendo nel frattempo il seguente scongiuro:

Scongiurazione

Fo' bollire la mano della concordia, Per tenere a me concorde

La Laverna, che possa portare a me Il mio figlio, e che possa Guardarmelo da qualunque pericolo.

Bollo questa erba, ma non bollo l'erba. Bollo la paura[1] che possa tenere lontano Qualunque persona e se viene

L'idea a qualcuno di avvicinarsi, Possa essere preso da paura

E fuggire lontano![2]

[1] Sospetto che l'erba della paura fosse il papavero selvatico. Il papavero era particolarmente sacro a Cerere, ma anche alla Notte e ai suoi riti, e Laverna era una divinità notturna — si tratta quindi di un gioco di parole con il termine paura.

[2] Questo passo richiama stranamente alla mente il culto della dea greco-romana Pavor o Paura, l'attendente di Marte. Come in questo caso, la dea era invocata per spaventare gli intrusi o i nemici. In Eschilo i cinque ladri di Tebe

Dopo aver detto questo, metti le erbe bollite in una bottiglia e stendi le carte sul tavolo una per volta dicendo:

Battezzo queste quaranta carte! Ma non battezzo le quaranta carte, Battezzo quaranta Dei superi.

Alla dea Laverna, che le sue Persone divengano un Vulcano, Fino a che la Laverna non sarà Venuta da me colla mia creatura.

E questi Dei, dal naso, dalla bocca, E dall'orecchio possano buttare Fiamme di fuoco e cenere,

E lasciare pace e bene alla dea Laverna, che possa anche essa Abbracciare i suoi figli

A sua volontà!

Laverna era la dea romana dei ladri e dei borsaioli, dei negozianti e dei commercianti disonesti, degli imbroglioni e dei falsari. In un bosco vicino a Roma c era un tempio dove i ladri andavano a dividere il loro bottino. Esisteva anche una statua della dea. Secondo alcuni la sua immagine era una testa senza corpo e secondo altri era un corpo senza testa; ma l'epiteto di «bellissima» datole da Orazio indica che colei che concedeva travestimenti ai suoi adepti, ne aveva conservato uno per sé. Essa era adorata in perfetto silenzio.

Questo è confermato da un passo di Orazio (Epistole 16, lib. I), nel quale un impostore, non osando quasi muovere le labbra, ripete la seguente preghiera o scongiuro:

Oh Dea Laverna!

Concedimi l'arte di ingannare e di imbrogliare, Di far credere a tutti che sono un uomo giusto, Santo e innocente! Stendi l'oscurità

Più profonda sui miei misfatti!

È interessante confrontare questa invocazione classica a Laverna, che è indubbiamente antica, con quella data sopra. La dea era ampiamente conosciuta tra le classi sociali più basse e in Plauto, un cuoco, che era stato derubato di tutti i suoi utensili, la invoca perché lo vendichi.

Qui vorrei richiamare l'attenzione sul fatto che in questo scongiuro, come in molti altri scongiuri delle streghe italiane, la divinità o lo spirito che è venerato, si tratti di Diana stessa o di Laverna, è minacciato con tormenti inflitti da un potere più alto fino a quando egli o ella non concederà il favore richiesto. Questo è molto classico, cioè greco-romano, e orientale; in tutte queste fonti il mago non fa assegnamento sul favore, l'aiuto o il potere accordatogli da Dio o da Satana, ma semplicemente su ciò che egli stesso è stato capace di strappare o estorcere, per così dire, alla natura infinita o alla fonte originaria dell'essere con la penitenza e lo studio. Menziono questo perché un recensore mi ha rimproverato di esagerare il grado in cui l'adorazione del diavolo — la cui idea è stata introdotta dalla Chiesa nel 1500 — è assente in Italia. Ma di fatto è difficile trovarla tra i maghi e le streghe di rango superiore e nelle loro tradizioni. Nelle pratiche diaboliche cristiane la strega non osa mai minacciare Satana o Dio, la Trinità o gli angeli, perché l'intero sistema è basato sulla concezione di una Chiesa e dell'obbedienza ad essa.

L'erba della concordia prende probabilmente il suo nome dalla dea Concordia, che era rappresentata nell'atto di tenere in mano un ramoscello. Gioca un ruolo importante nella magia, dopo la verbena e la ruta.

Milton Keynes UK
Ingram Content Group UK Ltd.
UKHW050637250923
429338UK00018B/960